# 学前教育教学与管理探究

陈静　陆辉凡　王小珊◎著

中国原子能出版社

**图书在版编目（CIP）数据**

学前教育教学与管理探究 / 陈静，陆辉凡，王小珊
著 . -- 北京 ： 中国原子能出版社，2024. 11. -- ISBN
978-7-5221-3818-3

Ⅰ . G61

中国国家版本馆 CIP 数据核字第 2025VZ6671 号

学前教育教学与管理探究

| | |
|---|---|
| **出版发行** | 中国原子能出版社（北京市海淀区阜成路 43 号　100048） |
| **责任编辑** | 杨晓宇 |
| **责任印制** | 赵　明 |
| **印　　刷** | 炫彩（天津）印刷有限责任公司 |
| **经　　销** | 全国新华书店 |
| **开　　本** | 787 mm×1092 mm　　　1/16 |
| **印　　张** | 12. 75 |
| **字　　数** | 206 千字 |
| **版　　次** | 2024 年 11 月第 1 版　　　2024 年 11 月第 1 次印刷 |
| **书　　号** | ISBN 978-7-5221-3818-3　　　定　价　72. 00 元 |

# 前　言

学前教育是人生中至关重要的阶段，它不仅是基础教育的基石，与其他阶段的教育共同组成了国民教育，还是一项重要的民生工程。亿万儿童的健康成长、千家万户的切身利益以及国家和民族的未来都与学前教育的质量和发展有着密不可分的联系。《国家中长期教育改革和发展规划纲要（2010—2020 年）》明确指出，要"把发展学前教育纳入城镇、社会主义新农村建设规划""到 2020 年，普及学前一年教育，基本普及学前两年教育，有条件的地区普及学前三年教育"。《国务院关于当前发展学前教育的若干意见》（国发〔2010〕41 号）更是重点强调了发展学前教育的必要性和重要性。

学前教育管理学作为教育管理学的分支学科，是一门研究如何实现对学前教育事业和托幼机构进行优质高效管理的科学。加强学前教育管理学的研究性学习，可以帮助我们掌握基本管理理论和教育理论，联系新时期学前教育事业改革和发展中遇到的新要求、新问题，理清发展方向和管理思路，积极探索科学的管理策略，不断提升管理能力，坚持规范管理，推动学前教育机构保教质量的提高，促进我国学前教育事业的健康、可持续发展。

本书从不同方面阐述了学前教育的教学与管理，第一章为学前教育的基本理论，介绍了学前教育概述、学前教育目标、学前教育原则三个方面的内容；第二章为学前儿童全面发展教育，论述了学前儿童德育教育、学前儿童智育教育、学前儿童体育教育、学前儿童美育教育四个方面的内容；第三章为学前教育教学活动，讲述了学前教育教学活动的基本内容、学前教育教学活动的设计、学前教育教学活动组织与指导三个方面的内容；第四章为学前教育宏观管理，论述了学前教育行政管理、学前教育管理的方法、学前教育管理中的规章制度、幼儿园组织机构的设置四个方面的内容；第五章为学前教育保教工作管理，介绍了学前教育保教工作的地位与原则、学前教育保教工作管理的程序、班级保教工作管理、学前教育课程管理四个方面的内容；第六章为学前教育科研工作管理，阐述了学前教育科研工作管理的意义、学前教育科研工作管理的内容、学前教育科研工作管理的途径三个方面的内容。

在撰写本书的过程中，笔者参考了大量的学术文献，得到了许多专家学者的帮助，在此表示真诚感谢。本书内容系统全面，论述条理清晰、深入浅出，但由于笔者水平有限，书中难免有疏漏之处，希望广大读者批评指正。

# 目  录

# 第一章　学前教育的基本理论

学前教育是一种社会现象，也是一项社会活动。我国的学前教育是国家教育体系中的重要一环，同时也是教育的基础阶段。学前教育有两个目的：一是促使儿童健康全面地发展，为社会主义事业接班人和建设者的培养打好基础；二是让幼儿家长安心，免除后顾之忧，放开手脚、全力以赴地创造财富，有利于解放劳动力。当今社会，学前教育越来越受到公众的关注，已成为文明社会不可缺少的一个教育阶段。

教育按受教育者的年龄层次划分，可分为胎教、新生儿教育、托儿所教育、幼儿园教育、小学教育、中学教育、大学教育及多种多样的社会教育。我国的学前教育主要指对0～6岁年龄段的儿童所实施的教育，包括0～3岁婴儿的早期教育和3～6岁幼儿的学前教育。0～3岁婴儿的学前教育一般在家庭、托儿所和早教中心进行，3～6岁幼儿的学前教育则是在幼儿园实施的。

随着社会的进步和儿童研究的不断深化，学前教育受到世界各国政府和家庭的重视。我国《国家中长期教育改革和发展规划纲要（2010—2020年）》指出，民族强盛的根基、社会进步的前提、国民素质提高的途径都在教育，教育能够促进人的全面发展，与亿万家庭的生活息息相关，强教才能强国，学前教育作为我国国民教育体系的重要组成部分，在促进学前儿童终身可持续发展和促进社会发展方面发挥着越来越重要的作用。

学前教育学作为研究学前教育基本概念、基本命题和基本理论框架的学科，在教育学科群中具有独特的、重要的地位。掌握学前教育和学前教育学的概念，理解学前教育学发展的历史，可以使我们更好地回顾过去，展望未来，加深对学前教育和学前教育学的现状及面临问题的认识，为掌握学前教育的基本理论框架奠定基础。

本章为学前教育的基本理论，介绍了学前教育概述、学前教育目标、学前教育原则三个方面的内容。

# 第一节　学前教育概述

## 一、学前教育的产生与发展

### （一）孕育阶段

学前教育学起源于古代智者对学前儿童教育与养育问题的思考，即最初的学前教育思想。

**1. 西方的早期儿童教育思想**

在西方，早期的学前教育思想可以追溯到古希腊和古罗马时期，例如柏拉图在西方学前教育史上首次系统地阐述了学前儿童的教育问题，主张儿童共育，并对学前儿童游戏和故事材料的选择等问题进行了论述。另外，亚里士多德提出了"教育要遵循自然"的观点，指明了研究和教育儿童的正确方向。这些思想对人类教育史产生了重要影响。

**2. 我国的早期儿童教育思想**

我国也很早就有学者在其著作中就儿童教育发表了自己的观点，《大戴礼·本命》记载了儿童出生后的年龄特点；《礼记·内则》记录了中国教育史上最早的学前教育思想，提出教育要从小抓起，在儿童能食会说时就要选择合适的保姆教育儿童，助他们养成良好的生活习惯、懂得基础礼节，并掌握一定的生活常识。据史料记载，我国实施胎教的历史可以追溯到 3000 多年前的西周时期，《新书·胎教》中有公元前 11 世纪周成王之母注重胎教的记载。

### （二）萌芽阶段

**1. 夸美纽斯的儿童教育思想**

捷克教育理论家、实践家夸美纽斯被誉为"教育史上的哥白尼"和"现代教育学之父"。夸美纽斯一生撰写了大量的教育论著，其中最著名的就是《大教学论》。夸美纽斯认为教学的艺术即教学论，大教学论"就是一种把一切事物教给一切人的全部艺术"[①]。在学前教育方面，夸美纽斯则撰写了《母育学校》一书，提出家庭是一所母育学校，母亲负责对儿童进行学前教育。

**2. 洛克的儿童教育思想**

英国哲学家洛克在《教育漫话》一书中提出了儿童体育、美育、德育和智育的具体建议。洛克反对将教育概念狭窄地理解为单纯求学问，他认为教育的目的是培养绅士，即身体健康、有道德、有礼貌、有学问的人。为此，在《教育漫话》中，洛克说明了三种不同进行教育的方式：发展健康的身体；形成善良的德行；选择一种适当的学问课程发展智力。

### （三）初创阶段

学前教育学成为一门科学源于福禄贝尔，他不仅是德国著名的教育家，还是《人的教育》《幼儿园教育学》等教育界重要著作的创作者，他继承并发展了夸美纽斯和裴斯泰洛齐的观点，创办了世界上的第一所幼儿园，并建立了较为完整的幼儿教育体系，促使学前教育脱离普通教育，成为一门独立的学科。

主要观点：游戏有重要的教育价值。

福禄贝尔认为，儿童早期的各种游戏，是一切未来生活的胚芽。游戏是内部存在的自我活动的表现，也是一种创造性的生活，可以促进儿童的成熟与学习，他还在幼儿园的教学方案中把游戏作为主要活动。

福禄贝尔的主要贡献如下。

（1）理论贡献：将学前教育学独立出来，并围绕学前教育建构了一套比较

---

① 柳袁照. 主动学习教育模式的建构 [M]. 苏州：苏州大学出版社，2006.

完整的体系，使之成为单独的学科。

（2）实践贡献：创办了世界上的第一所幼儿园；设计了游戏教具"恩物"。

**（四）发展阶段**

1. 西方教育家的观点

（1）杜威的观点

在美国，杜威的实用主义教育思想影响深远。杜威是 20 世纪对幼儿教育理论影响极大的教育家与哲学家，他是实用主义教育理论的创始人，是当时传统教育的改造者，是新教育的拓荒者，他的著作有《经验与教育》《学校与社会》《儿童与课程》《民主主义与教育》《我的教育信条》等。

①教育的中心——儿童中心论

传统教育提倡以"教师为中心、书本为中心、课堂为中心"[1]，杜威作为现代教育的代表人物，提出学校教育应以"儿童为中心、活动为中心、经验为中心"[2]，一切教育措施都应该是为了促进儿童的生长。

②教育的本质——三大主张

A. 教育即生活：最好的教育就是"从生活中学习，从经验中学习"，而不是强迫儿童吸收外面的东西。

B. 教育即生长：教育中要考虑儿童的本能或先天的能力，学校教育工作的中心任务就是要促进儿童的成长。

C. 教育即经验的改组与改造：教育不是知识的简单叠加，而是经验的不断合理化，让儿童在做中学，通过实际操作获得经验。

③教学方法论——做中学

基于对传统教育唯"书本中心"的批判，杜威认为要在活动和经验中学习知识，并提出了"做中学"的教学方法论，并以此为基本原则摒弃部分传统陈旧的

---

① 黄娟. 大学生创新创业素养的培养路径与策略 [M]. 昆明：云南大学出版社，2021.

② 孙向阳. 高素质幼儿教师新思维 域外视野国外学期教育理念解析 [M]. 北京：北京少年儿童出版社，2011.

书本式教材，采用多种多样的活动对儿童进行教育。由此看来，针对儿童设置的课程离不开具体的经验，要设计丰富且具有趣味的活动吸引儿童的注意力，由兴趣引导他们认知这个世界，而不是让学生机械地学习课本上的固定内容，要让幼儿园实实在在地成为儿童成长的乐园。

（2）蒙台梭利的观点

蒙台梭利是学前教育发展阶段教育家的典型代表，她于1907年创办了"儿童之家"，将医学和生理学作为基础理论，以教育缺陷儿童的方法教育正常儿童，堪称教育界的奇迹，她的代表作有《蒙台梭利教育法》《童年的秘密》《有吸收力的心灵》等。

①蒙台梭利的儿童观

A.儿童具有"吸收的心智"。儿童与生俱来地能够向周围环境吸收一切，这种"吸收的心智"是儿童特有的无意识的记忆力，是吸收环境并加以适应以形成人格的能力。

B.儿童心理发展具有"敏感期"。每个儿童在成长过程中各种能力的获得都有一个最佳阶段，在这个阶段里儿童可以轻松地获得各种能力，所以称这个阶段为敏感期。因此要给处于敏感期的儿童创造适宜发展各种能力的环境。

②蒙台梭利的教学观

A."有准备的环境"。有准备的环境是蒙台梭利教育的基本术语之一，也是蒙台梭利教育的核心。儿童与环境的关系不同于成人与环境的关系。成人可以欣赏环境并记住它，也可以将环境放进回忆里，以便日后回想；而儿童则是吸收环境，不仅会记住所见到的事物，还会将之融入自己的内心。因此，儿童会在一个精心设计、能引起自己兴趣的环境里有目的地、自由地与环境互动，产生一些自己的想法，并试图用语言表述出来，这同时也能促进儿童的大脑发育。

B."工作"。蒙台梭利发现，儿童具有工作的本能，儿童可以通过工作来完整建构自我。这个"工作"意指儿童在有准备的环境中和环境的互动，蒙台梭利认为儿童心理的健康发展离不开儿童自己的"工作"。

2. 我国教育家的观点

（1）陶行知的观点

陶行知针对学前教育提出了很多较为先进的教育思想，他是我国杰出的人民教育家，认为儿童 6 岁前的教育非常重要，"儿童学者告诉我们人生所需要的重要习惯、倾向、态度多半可以在 6 岁以前培养成功"[①]。他还主张创办适合国情的幼儿园，批评清末民初我国幼儿教育机构的"外国病、花钱病和富贵病"[②]。总之，他的教育思想和教育实践是留传给后人的宝贵财富。

①生活教育理论

生活即教育、社会即学校、教学做合一。

②创造教育理念

解放孩子的眼睛、头脑、双手、嘴巴，解放孩子的时间和空间。

（2）张雪门的观点

张雪门是我国著名的学前教育专家，他一生为幼儿教育留下了 200 多万字的著作，写下了《幼稚教育》《幼稚园课程活动中心》《幼稚园行为课程》等。

①幼儿园的行为课程

行为课程和一般的课程一样，包括工作、游戏、音乐、故事等材料，但这些课程完全源于生活，从生活中而来，从生活中展开，也从生活中结束。

②幼儿师范教育的实习和见习

张雪门在中国率先关注幼儿师范教育，他认为要重视幼儿师范教育的实践环节，即实习和见习。

（3）陈鹤琴的观点

陈鹤琴是我国著名的学前教育专家，他一生致力于儿童教育事业，进行了长期观察和实验性研究，从理论和实践两个方面对儿童的成长和发展进行了探索。

---

① 鞠文玲.好习惯成就好人生 [M].北京：中央广播电视大学出版社，2010.
② 汪靖洋.写作例典 [M].南京：江苏教育出版社，1997.

①家庭教育思想

赏识教育与挫折教育相结合；根据年龄、实际能力进行教育；凡儿童能够自己做的事情，千万不要替他做；加强习惯的早期培养；注意第一次，不要有例外，以身作则，持之以恒。

②儿童心理研究

儿童有以下主要特点：好动、好模仿、好奇、易受暗示、喜欢成功、喜欢群体、喜欢野外生活。

③生活教育理论

A.生活教育的目的论——做人、做中国人、做现代中国人。

B.生活教育的课程论——大自然、大社会都是活教材。

C.生活教育的方法论——做中教、做中学。

④教学理论

在教学方面提出"整个教学法"，就是把儿童应该学习的东西，整体地、系统地教授给儿童，打破传统的分科教学模式。陈鹤琴提倡以自然和社会为中心，以儿童在日常生活中的所见、所闻、所感、所经历的事物或事件为主题，以儿童活动为线索，综合进行课程组织。

⑤五指活动课程

儿童学习的内容，应是既有区别又有联系的内容，就像人的手掌，五指相互区分，代表着不同领域的经验，但都融汇于手掌，也就是将经验融汇于生活之中，因此陈鹤琴创设了五指活动课程。

## 二、学前教育的概念

作为人类教育活动的重要组成部分，学前教育是指对从出生到6岁入学前儿童的教育。广义的学前教育是指对从出生到入学前儿童实施的、旨在促进其身心全面、健康、和谐发展的各种活动，包括机构教育、家庭教育、社区教育等。狭义的学前教育主要指在正规的学前教育机构中进行的，有目的、有计划地对学前儿童产生影响的活动。我国的学前教育是社会主义教育事业的组成模块，同时也是我国学校制度构建的基石。

学前教育阶段的年龄划分不是完全绝对的。历史上有很长一段时期，许多国家在家庭中养育年幼儿童。到了 19 世纪，随着学前公共教育的出现，人们趋向于把 3 岁至入学前的儿童划为学前教育的对象。20 世纪 50 年代以来，在世界范围内，学前教育的儿童年龄阶段又开始向低龄延伸。我国儿童入学法定年龄为 6 岁，0～6 岁为学前儿童，其中 0~3 岁儿童进托儿所，3～6 岁儿童进幼儿园。

### 三、学前教育的类型

学前教育按照实施的形式，可以分为两种类型：学前家庭教育和学前公共教育。学前家庭教育主要是指在家庭中对 0～6 岁学前儿童进行的教育和施加的影响，学前公共教育主要是指由家庭以外的社会组织机构指派专业人员对 0～6 岁学前儿童实施的教育。

#### （一）学前家庭教育

学前家庭教育是历史悠久的学前教育形式。家庭是人一生中最早接触且生活时间最长的社会场所，是儿童出生后第一个重要的学习环境。很多研究证明：儿童年龄越小，家庭教育对其身心发展的影响越大。

学前家庭教育主要具有以下特点。

（1）学前家庭教育是儿童最早接触的教育

家庭是对儿童实施教育的最初场所，父母是儿童最初的教育者，儿童一出生就开始接受来自父母或照看者的影响和教育。早期的环境影响、生活中点点滴滴、无处不在的教育，为儿童一生的发展奠定了基础。

（2）学前家庭教育是潜移默化的教育

家庭教育对学前儿童的影响常常渗透在日常生活的点滴之中，父母的言行举止是儿童直接模仿的对象。在家庭环境中，父母与子女、兄弟与姐妹有着广泛接触的机会，而且没有固定的"程式"，不拘于时间、地点、场合条件以及形式。父母在生活中的行为谈吐、谆谆教诲、关切嘱咐和爱意流露都在悄然无息地影响着子女。

（3）学前家庭教育是伴随儿童终身的教育

家庭是所有社会组织和群体中最为普遍的组成形式，是人生存过程中最为持久的生活环境。父母和子女朝夕相处，他们对子女的教育是长期存在、反复进行的，即使在儿童进入专门教育机构接受教育以后，家庭的教育作用仍在发挥。因此，家庭教育伴随儿童的终身发展，儿童始终直接或间接地、有意或无意地接受着家长，特别是父母的教育和影响。

（4）学前家庭教育是个别实施的教育

父母与子女的交流与影响往往是一对一进行的，家庭教育以个别教育为主，具有很强的针对性。父母的教育往往是一种在对受教育者充分了解的基础上进行的教育，家长能够及时发现问题，因势利导、因材施教。

**（二）学前公共教育**

学前公共教育主要包括学前机构教育、社区学前教育两种形式，还包括大众传媒对学前儿童的影响等。学前机构教育是学前公共教育的主要组成部分。

1. 学前机构教育

学前机构教育是指由正规的学前教育机构对学前儿童实施的有目的、有计划、有组织的教育。一般分为两个阶段：0～3岁阶段的教育称婴儿教育，也称托儿所教育；3～6岁阶段的教育称幼儿教育，也称幼儿园教育。正规的学前教育机构除了托儿所、幼儿园，还包括学前班、混合班。学前班是接收5～7岁，即入学前一年儿童的学前教育机构，是我国农村学前教育的重要形式。混合班受人口分布等因素的影响，把学前儿童集中起来，混合编班。与家庭教育相比，学前机构教育的主要特点如下。

（1）群体性

学前机构教育是面向众多学前儿童实施的教育，其形式是群体性的。当儿童离开家人来到学前教育机构，其生活会发生很大的变化，从单一的家庭生活过渡到集体生活，与同伴、教师一起共同生活。在共同生活的过程中，幼儿需要与他人相互理解与合作、承担不同角色、展开精神交流、共同解决问题、完成某个任务等。因此，共同生活也是重要的教育资源。

（2）计划性

学前机构教育是有关组织根据国家和社会的教育目的，有组织、有计划地进行的教育，"有目的""有计划""有组织"3个定语可以概括学前机构教育的计划性特征。学前机构里有专业的教学设施、适宜的教学场所，还配有高水准的专职教师、优质的教学内容和完善的教育程序，旨在促进儿童身心在原有水平上全面、和谐地发展。这种计划性体现出来的理性，正是现代教育的主要特征。

（3）专业性

学前教育机构是对学前儿童进行专门化教育的机构，由专业人员承担教育工作。机构中的各类工作人员不同程度地受过专业训练，尤其是教师，大多受过师范教育或获取了教师资格。学前教育机构还具有符合国家规定的教育设施和专门的教育设备，这都有利于保证其教育的有效性和专业性。

学前机构教育在整个学前教育系统中有着重要的作用：一是辐射作用，即向各种形式的学前教育发挥指导作用、示范作用，并带动非正规学前教育机构的发展；二是促进各种学前教育形式相互沟通，形成教育合力。

2.社区学前教育

社区是指一定地域内由共同文化、社会心理、生活环境和相互关系的居民所形成的人口群体，地域是构成社区的一个要素。社区学前教育是指在社区中为儿童设置的教育设施和教育活动，是多层次、多内容、多种类的社会教育。社区中一些具有教育功能的文化、娱乐机构，如儿童影剧院、儿童游乐室、儿童科技馆、儿童图书馆等非专门教育机构是学前社区教育的主要场所和组织力量。第二次世界大战之后，社区教育成为一种重要的教育形式，并逐步形成与学前机构和家庭相互服务、互惠互利的教育形态。

社区学前教育的特点如下。

（1）地域性

社区学前教育是在一定地域范围内进行的，具有明显的地域性特征：在城市以街道或居委会为基地，在农村以乡或村为基地，在地区政府的大力支持下，街道办、村办、校办等大量学前教育机构得以建立，不仅满足了当地群众迫切想送子女入学的需求，还大大缓解了人们的生活及家庭压力。

（2）灵活性

社区学前教育强调适应社区需要、服务社区，具有极大的灵活性。社区学前教育中所需设备的选择要充分考虑当地的环境情况，因地制宜，并将其自然资源、文化资源和人力资源等优化组合进行充分利用，开展充满意趣、灵活多样的活动。

（3）综合性

社区学前教育是一种发展和增长社区成员的新知识和新能力，提高社区成员生活质量的教育，是全员、全程、全方位的综合性教育，一般由当地党组织和政府牵头，由妇联和教育部门（或当地学校）具体负责组织教学辅导师资培训，其他部门如卫生保健、计划生育和司法民政等则分工配合，给予帮助，当地企事业和群众代表则积极出资出力，从而在全社区形成"爱护儿童、教育儿童，为儿童做表率，为儿童办实事"的共识。

（4）整体性

社区学前教育将学前教育与社会有机地融合在一起，使之相互联系、相互作用、相互促进。学前教育机构要适应社区建设的需要和变化，加强为社区服务的意识，并努力配合社区，协办文娱、体育活动和向全社区群众进行科学育儿知识宣传。而在人力、物力、制度等方面，社区管理人员需要尽全力督导，保证学前教育机构的正常运转，使学前教育事业能够在社区中稳步发展，形成学前教育社会化、社会生活教育化的整体格局，提倡学前儿童"在社区中学，与社区共学，为社区而学"[1]。

社区学前教育无论是在教育资源、途径方法上，还是在目的效果上，均有不同于学前机构教育的意义与作用。第一，有利于教育资源的利用。在社区内综合协调并利用一切可用于学前教育的资源，包括当地的自然资源与人文资源，促进教育的多样化与社会化，惠及更多的家庭与儿童。第二，有利于形成教育合力。社区教育有利于使学前教育从封闭走向开放，实现学校、社会、家庭的融合和沟通，促进儿童身心健康全面发展。第三，有利于扩大学前教育的社会职能，发挥教育对社会和社区发展的作用，更好地实现教育服务社会的职能。

## 四、学前教育的特点

作为国民教育体系的第一阶段，与其他教育阶段相比，学前教育具有自身的特点。

### （一）基础性

学前阶段是人生发展的奠基时期，基础性是学前教育的本质属性。学前教育是整个国民基础教育的基础，也是每个国民人生发展的基础阶段。

就整个国民教育体系而言，学前教育是基础教育的重要组成部分，是学制的最初环节。《幼儿园工作规程》（以下简称《规程》）总则第二条规定："幼儿园是对 3 周岁以上学龄前幼儿实施保育和教育的机构，幼儿园教育是基础教育的重要组成部分，是学校教育制度的基础阶段。"[2] 学前教育发挥着为幼儿入学作准备，为九年义务教育的实施奠基的作用。对于个体发展而言，学前教育能够为人生奠定基础，奠定身体和心理和谐发展的基础，奠定德、智、体、美等全面发展的基础。联合国教科文组织对于基础教育的界定是："基础教育是向每个人提供的并为一切

---

① 　闫静，张鑫 . 应用型学前教育专业课程模式研究 [M]. 长春：吉林出版集团股份有限公司，2018.

② 　教育部 . 幼儿园工作规程 [R/OL]（2016−02−29）[2024−10−18].http://www.moe.gov.cn/srcsite/A02/s5911/moe_621/201602/t20160229_231184.html?url_type=39&object_type=webpage&pos=1.

人所共有的最低限度的知识、观点、社会准则和经验的教育。"[①] 学前教育和中小学教育一样属于基础教育范畴，不仅是整个基础教育的基础，也是每个人成长发展的基础。

### （二）保教并重

学前教育是保教并重的教育，教育中有保育，保育中有教育。学前教育肩负着促进幼儿身心发展的教育任务，同时，也有保证幼儿安全与健康的使命。保教并重主要是由教育对象的独特性决定的。学前教育的对象是从出生到六岁的儿童，生理上，学前儿童生长发育十分迅速，身体各种器官、各个系统的机能还没有发育成熟和完善，需要他人的照料；心理上，由于他们年龄小、生活经验少，活动能力、自我控制能力、生活自理能力和自我保护能力都比较差，对成人的依赖性很强，需要通过与成人和同伴的交往建立各种社会关系，获得安全感和多种经验。因此，学前教育特别强调保育与教育相结合，既强调保育中的教育性因素，又要重视教育中的保育工作。

### （三）直接经验性

由于学前儿童发展水平所限，他们认识事物主要是通过感官和动作，与周围生活环境中的事物与人直接接触、相互作用，从而获取直接经验，这些直接经验是学前儿童建构知识大厦的基础，是其思维不断发展的原材料。学前教育的直接经验性要求学前教育珍视幼儿生活和游戏的价值，要为学前儿童提供丰富的可操作材料和真实的生活环境，在幼儿操作玩具材料、与成人及其他儿童相互交往的过程中，帮助他们获得丰富的直接经验，在生活和游戏中不断成长。

## 五、学前教育的意义

学前教育对儿童、家庭、社会都有重要的意义和积极作用。

---

① 邹莉，朱峰.威每一个儿童设计课程 小学生综合素养提升行动三十年 [M]. 长春：吉林大学出版社，2022.

## （一）学前教育对儿童个体发展的意义

学前教育对个体发展的意义是指学前教育可以促进学前儿童身体、认知、社会性和情感等方面健康全面和谐地发展。学前期是人生发展的重要时期，这一时期的环境和教育质量直接影响儿童今后的发展，主要表现在以下 4 个方面：

（1）促进儿童的生长发育，提高儿童的身体素质。

（2）开发儿童的大脑潜力，促进其智力发展。

（3）促进儿童个性和人格的健康发展。

（4）促使儿童的想象力和创造力稳步发展，培养对美的感知力。

## （二）学前教育对家庭和社会发展的意义

学前教育不仅对儿童个体的身心发展有着重要的作用，对家庭的幸福、教育事业的发展以及社会的稳定与进步也有重要的作用。

### 1. 学前教育对于家庭的意义

儿童能否健康成长和发展逐渐成为决定家庭幸福、影响家庭生活质量的关键性因素。家庭是社会的基本单元，每个儿童背后都是一个或几个家庭，学前教育质量的高低直接关系着家长能否放心工作和安心学习。

### 2. 学前教育对于社会发展的意义

学前教育是我国教育体系中的重要组成部分，是我国基础教育的开端，直接影响着我国教育事业发展的规模与质量，良好的学前教育可有效提高义务教育的质量与效益。

# 六、学前教育与社会发展

## （一）学前教育与经济的关系

### 1. 社会经济制约着学前教育发展的规模和速度

学前教育发展的规模和速度取决于两个方面的因素：一是社会经济发展导致

的对学前教育发展需求的增多或减少；二是社会经济发展为学前教育发展本身提供的可能性。经济发展良好的上升型社会与生产力低下的旧社会相比，无论是幼教机构的数量还是从业人员的数量都大幅上涨。

2. 学前教育的任务、手段、内容受社会经济发展的影响

从漫长的历史发展过程来看，学前教育的任务发展大致经历了以下四个阶段：（1）照看儿童；（2）侧重儿童的身心健康；（3）注重儿童智力的开发；（4）全面发展儿童的身体、情感、智力和社会属性。内容和方法越来越丰富，越来越现代化。

整个变化和发展的趋势离不开社会的进步和教育科学的普及，因为不同社会发展阶段的水平和特征不同，学前教育的任务、手段和内容也不同。

3. 学前教育可以提高劳动力素质、培养人才，促进经济发展

学前教育是整个教育体系的基础。学前教育在提高劳动力素质和促进社会经济发展方面的作用越来越为人们所重视。

**（二）学前教育与社会政治的关系**

1. 社会政治制约学前教育的性质

政治主要涉及国家的性质、各阶级和阶层在政治生活中的地位、国家管理的原则和组织形式等，包括理念、意识以及权力机构等方面。政治的因素对学前教育的发展起着重要作用，具体表现在以下四点。

（1）统治阶级利用立法权来干预学前教育的发展。

（2）统治阶级通过行政部门来控制公职人员的选拔和录用。

（3）统治阶级通过组织和人事权力来左右教育者的行为方向。

（4）社会政治环境对教育目标的制订有所影响。

2. 社会政治影响学前教育的发展

学前教育得以发展的先决条件是政治权力机关的重视和领导。不仅如此，社会政治对教育财政的影响还体现在教育份额的多少和教育经费的筹措方面。

**（三）学前教育与社会文化的关系**

1.社会文化影响学前教育内容的选择

教育所传授的内容，都是人类积累的文化财富。从这种意义上讲，教育就是一种通过文化的传递、继承、内化和更新来进行人才培养的活动。教育内容的选择在很大程度上会受到文化因素的影响。就比如民族传统文化中可利用的语言、仪式、民间游戏、民族文化传统等丰富的课程资源，这些资源拓展了幼儿园教育的空间，尤其是民间游戏，将民族传统文化的丰富性和重要性集中体现了出来。

2.社会文化影响师生关系和教育教学方法

教育者通常会因文化背景和文化传统的不同而在对待受教育者的态度上有所变化。比如，我国传统"好孩子"的形象是"听话"，服从师长的训导，教师拥有绝对的权威且高高在上，但现代的文化背景强调独立和自主，所以儿童的独立性和自主性也就成为其发展的主要方向，教师在教育教学的过程中需要理解和尊重儿童的需要。因此不同时代或不同国家的社会文化观念直接影响师生关系和教育教学方法。

# 第二节　学前教育目标

学前教育目标代表了社会经济的发展对人才规格的需求，也代表了心理学、教育学等社会科学的研究进展，同时体现出了家庭对儿童的期望。《幼儿园工作规程》对我国学前教育的目标进行了新的诠释，阐明了现代社会和未来社会对新一代人才规格的需求。

## 一、学前教育目标概述

### （一）学前教育目标的内涵

学前教育的目标是对幼儿进行全面且具体的教育，促进他们身心的和谐、健康发展，这是国家针对学前教育提出的培养人才的要求，作为中心思想统一指导着全国各类学前教育机构的运行。

我国学前教育的目标是促进幼儿德、智、体、美、劳的全面和谐发展。学前教育目标若想顺利实现，就要以"全面和谐发展"为教育活动的出发点和归宿。学前教育只有全面实施素质教育，才能满足幼儿终身学习和未来发展的需要，这一目标体现了国家对新一代要求的总方向，幼儿园教育任务的明确、幼儿园教育质量的评估以及国家对全国幼儿园教育的领导和调控都要依据这个目标。

**（二）学前教育目标的意义**

1. 学前教育目标对学前教师的思想和观念具有导向、激励作用

学前教师是学前教育活动的组织者，是学前教育活动方向的把握者。用学前教育目标影响教师，使之具有明确的目标意识，并以这种意识去选择教育内容、教育方法、教育手段，设计教育环境。可以说对教育活动真正起指向作用的是扎根于教师意识中的教育目标。有了明确的教育目标，才能使教育活动有统一的目标和步调，有统一的衡量教育结果的标准和指标。

2. 学前教育目标对教育过程具有指导、控制作用

学前教育目标是教育过程的调控器，它使整个教育过程都围绕并指向教育目标。由于学前教育目标提供了学前教育的发展方向和质量要求，教育者在按照一定的教育目标对幼儿进行教育时，就能更好地控制教育对象的发展，改变人的自然的、盲目的发展过程，或摆脱各种不符合教育目标行为的外来干预，按照教育目标的要求来培养儿童，为成为一名合格的社会成员打好基础。

3. 学前教育目标对幼儿发展具有规范、评价作用

学前教育目标指明了幼儿发展的领域和基本范围，描绘了幼儿发展的蓝图。学前教育实践工作中，评价教育行为是否有效、教师工作成绩的高低以及在教育活动中幼儿成长状况如何，都是通过学前教育目标来检验的。教育目标也是衡量教育成效的尺度，是衡量幼儿发展的尺度。因此，学前教育目标也是学前教育评

价体系的基础。

## 二、我国学前教育目标的结构体系

在国家学前教育总目标的宏观指导下，目标系统是通过"综合—分析—综合"的思维过程而形成的。

### （一）纵向结构

学前教育目标从纵向的逻辑关系来分解，可依次划分为四个层次。通过层层具体化，转化为对幼儿的可实施性较高的发展要求。不同层次的教育目标，其可实施性也会不同。但毋庸置疑的是，目标越具体、层级越低就越容易实现。上位的目标必须要分解成下位的目标，可实施性才能提高。

1. 学前教育总目标

学前教育总目标是全国最具指导价值的目标，它的制定和颁布由国家进行。这一层次的目标概括性强，较为宏观，可操作性低，是一种原则性的目标。

2. 学段目标

学段目标是素质发展目标的具体化，由一系列相互联系的、逐步递进的单元目标构成。教育活动和幼儿发展是一个循序渐进、螺旋上升的过程，是幼儿素质从"现有发展区"向"最近发展区"不断递进的过程，具有连续性和阶段性。因此需要制订包学年目标和学期目标等不同学段的目标。并规定每个学段的教学内容、要求以及主要教育活动与幼儿发展的预期目标。

3. 单元教育目标

单元教育目标是指根据科学知识、事物发展规律和幼儿思维逻辑，将学段规定的教育内容确定为一系列有机结合、循序渐进的主题教育活动，并相应地制订单元教育目标。每个单元教育可包括若干个具体教育活动，可以是综合性的，也可以侧重于某个学科领域的内容。

### 4. 教育活动目标

教育活动目标又称教育行为目标，它是指某一个具体的教育活动所要达到的目的，或所引起的幼儿行为的变化，它是单元教育目标的具体化，是一种最具有可操作性的目标。学前教育任务和培养目标的实现都离不开具体的教育活动。不论怎样排列组合，学段目标和单元教育目标都要针对幼儿实际的身心发展水平和需求切实地体现在具体的活动目标中。学前教育目标只有细化成教育活动目标，才能贯彻到具体的教育过程中，才能落实到幼儿的发展上。

### （二）横向结构

横向结构是指上述每一纵向层次的学前教育目标都可以从三个横向角度加以确定，分别形成内容目标结构、领域目标结构和发展目标结构。

#### 1. 内容目标结构

从学前教育内容来看，每一纵向层次的目标都包括体育、智育、德育和美育目标。内容目标的结构由这四个目标相互联结、有机结合而成。

#### 2. 领域目标结构

从学前教育活动来看，每一纵向层次的目标都可分为健康、语言、社会、科学、艺术等领域的目标，从而形成领域目标结构。

#### 3. 发展目标结构

从幼儿的身心素质发展来看，每一纵向层次的目标都包括情感、认知与能力等方面，从而形成发展目标结构。

# 第三节　学前教育原则

教育原则是反映教育规律的，是在教育系统内部制约和指导教育的基本法则和标准。学前教育的基本原则包括两个部分：一部分是与其他教育阶段如中、小学教育共有的，如发展适宜性原则、尊重儿童的人格尊严和合法权益的原则、因材施教原则等；另一部分是它所独有的、与其他教育不同的特殊原则。

# 一、教育的一般原则

## （一）发展适宜性原则

学前教育的出发点和归宿都是促进儿童身心的健康、和谐发展，以及促使每一位儿童都能获得高于其现有水平的发展，不求发展的速度有多快，但求稳定、全面与健康。在探索儿童"最近发展区"时，要根据维果斯基的理论，让每一位儿童在参与教学活动之后，都能在原本的基础上有所进步。教师选择的教学内容、手段和方法既要符合儿童现有的发展水平，又要满足儿童"跳一跳"能够达到的水平。

## （二）目标性原则

学前教育活动的全部过程都必须紧紧围绕设定的教育目标进行，教师在安排和实施教育活动时不能任由自己的主观心情和爱好决定活动的内容、时间和次序，要注意把握目标的层次性和生成性。教育目标分为学前教育总目标、各年龄段目标和具体教育活动目标，三个层次的教育目标相互制约，共同控制教育活动的全过程。教师在组织教育活动时应针对儿童的身心发展特点以及环境因素，及时调整目标或制订新的教育目标。

## （三）主体性原则

儿童是学习的主体，发挥主体性原则，首先要尊重儿童的人格、尊重儿童的需要、激发儿童的主动性。教师在教育活动过程中要根据儿童学习的实际情况不断调整教育策略，适时给予支持，充分调动儿童参与活动的积极性。其次，发挥主体性原则还要求教师准确把握儿童的发展特点和儿童所处的发展阶段。

## （四）科学性、思想性原则

学前教育必须保证科学性和思想性，具体体现在：学前教育内容安排健康、合理，对儿童有积极向上的引导作用；教育活动设计和实施要从实际出发，科学、正确，注意各活动间的联系，灵活使用多种教学方法，科学组织儿童在幼儿园的一日活动。

### （五）整合性原则

学前教育的整合性原则主要体现在三个方面：首先是教育目的的整合，要求教师将认知、情感、动作技能三个维度融入目标；其次是教育内容的整合，要求教师尽可能将幼儿园五大领域的活动通过合理编排和资源整合融入幼儿园课程设计里；最后是教育手段的整合，要求教师能够在教学过程中，综合运用讲授法、游戏法、体验法等教育方法。

## 二、学前教育的特殊原则

### （一）教育的活动性和直观性原则

学前儿童思维的具体形象性，使得他们经验的累积、真知的获取和技能的探索只能通过与人交往、参与活动而接触各种事物和现象以及实际操作物体来进行。可以说儿童的发展离不开各种实际的活动。学期教育机构的教育，不能只让儿童静坐着看和听，而应该运用各种办法，引导儿童主动活动。因为，对儿童来说，只有在活动中的学习，才是有意义的学习，才是理解性的学习。

### （二）保教结合的原则

在幼儿园中，幼儿身心发展的统一性和学前教育工作的规律决定了"保教结合"既是教育的思想，也是教育的原则。贯彻保教结合原则是我国教育方针在学前教育中的具体体现。贯彻这一原则，应当注意以下两点。

1. 保育和教育是幼儿园两大方面的工作

保育注重精心地照顾和养育幼儿，为幼儿提供舒适的环境和充足的物质条件，促使他们更好地发展身体和技能，让他们的身心能够茁壮成长；而教育则重在培养幼儿良好的行为习惯和学习、生活态度，发展他们的认知、学习、共情等能力，循循善诱，引领他们按年龄阶段学习不同的知识和技能。这两方面构成了幼儿园教育的全部内容。

### 2. 保育和教育工作互相联系、互相渗透

幼儿园保育和教育不可分割的关系是由幼教工作的特殊性和幼儿身心发展的特点决定的。虽然保育和教育有各自的主要职能，但并不是截然分离的。教育中包含了保育的成分，保育中也渗透着教育的内容。保育和教育不是孤立进行的，而是在统一的教育目标指引下，在同一个教育过程中实现的。在实际活动中要将"教""保"合二为一，做到"教"中有"保"，"保"中有"教"，让"教""保"二字充分渗透在幼儿全部的教育活动和生活中，贯穿于幼儿全面发展的过程中。

教师应根据幼儿在身心发展过程中所表露出来的特点来对幼儿进行全面的教育，并注重照顾幼儿的生活以及保护幼儿的身心不受伤害，保证幼儿能够全面、健康地成长。

### （三）以游戏为基本活动的原则

基本活动是指人生中最能促进人的生存发展和最适宜其年龄阶段的活动。幼儿生理学、心理学的研究成果以及大量的实践经验表明，游戏是最能满足幼儿心理和生理需要、最契合幼儿身心发展特点的活动，它能使幼儿的身心得到充分的发展，并且具有极高的教育价值和不可替代性。贯彻以游戏为基本活动的原则，应当注意以下两点。

### 1. 游戏是儿童最好的学习方式

"幼儿园以游戏为基本活动"符合现代学前教育的基本原理。对于学前幼儿来说，游戏也是一种学习，它是一种更重要、更适宜的学习。幼儿在游戏中感知和探索周围的世界，模仿和演练社会行为规范。各种游戏活动为幼儿的智能、情感、身体、创造力和道德品质提供了良好的学习平台，同时也是促进他们成长的必要手段。幼儿园生活中，必须从时间、场地、玩具材料及教师指导等各方面保

证幼儿各种游戏的正常开展。

2. 游戏是学前教育内容与形式的结合

游戏既是学前教育活动的内容，又是学前教育实施的途径。教学活动中可以通过游戏的形式巩固幼儿所学的知识和技能。通过游戏给幼儿一定的自主性，以激发幼儿学习的兴趣，使之产生愉快的情绪体验，增强教育效果。为使学前教学活动更适合幼儿的需要，更能发挥教育的作用，必须寓教育于游戏之中，把游戏的因素渗透到各种活动中，将游戏形式贯穿于教育活动的全过程。

### （四）发挥一日生活整体教育功能的原则

幼儿园一日生活包括两种活动：一是幼儿生活活动、劳动活动等由教师组织的活动；二是区域活动、自由游戏活动等幼儿自主的活动。体、智、德、美全面发展教育的完成离不开一日生活中的各种活动，这些活动具有保育和教育的双重意义。每种活动不是分离地、孤立地对幼儿发挥影响力的，幼儿一日生活中教育手段的多样性也有利于幼儿接受教育。对幼儿一日生活的科学合理安排能够保障幼儿的学习与发展。贯彻发挥一日生活整体教育功能的原则，应当注意以下两点。

1. 教育生活化

教育生活化是指富有教育意义的生活内容与课程的融合。如根据学前教育机构生活的自然秩序安排课程，按照节日顺序组织课程，或者以时令和季节变化规律来设计课程，等等。让教育和生活之间的联系更加密切，将学前儿童在各种情境中的经验整合起来，将儿童在日常生活中学习积累的内容和非日常生活中应该了解和认识的内容都纳入课程的组织结构中加以统整。此外，活动的内容选择、活动的实施等都要注意生活化。

2. 生活教育化

生活教育化则是在适当的时机引导学前儿童利用他们已经获得的经验来促进他们的发展。对于一些成人并不在意的昆虫、石子、花朵、树叶等各种自然物，学前儿童却如获至宝。如果教师能够观察学前儿童的小小世界，并有效地组织这些内容，就能够促进学前儿童在感知生活的过程中得到发展。因此，教育活动的设计应涉及一日活动的各个环节，而不只是在教室中进行教学活动。寓教育于一日活动中，要及时抓住机会对儿童实施教育，帮助儿童对已经获取的零散的、细碎的生活经验进行整理来实现经验的完整化和系统化。

　　教师在幼儿园中要对幼儿的各项活动全面负责，他们不仅要照顾幼儿的生活起居、饮食和睡眠，还要指导他们锻炼身体，关心他们的身体和心理状态，并引导他们参与各种活动，如游戏、劳动、散步等，促进他们的全面发展。教师要将"一日生活皆教育"的理念贯彻到底，全面了解各年龄段幼儿在各领域的发展，重视创设幼儿的学习环境，真正让幼儿在环境和材料的互动中学习。此外，教师还需要让活动资源丰富起来，细细钻研一日生活中的每个细节，为一日生活中的每个具体要求精心设计过渡环节，平衡幼儿自主和教师安排，努力将幼儿的学习和发展落实到具体的实践中。

　　上述各条原则是彼此密切联系、相互渗透、不可分割的整体，教师在学前生活实践中应当综合运用这些原则，并贯穿学前教育的全过程。

# 第二章　学前儿童全面发展教育

本章为学前儿童全面发展教育，论述了学前儿童德育教育、学前儿童智育教育、学前儿童体育教育、学前儿童美育教育四个方面的内容，能够让读者对学前儿童的全面发展有初步认识。

## 第一节　学前儿童德育教育

### 一、学前儿童德育的内涵

德育就是对儿童思想道德方面进行的教育，道德是一种约定俗成的社会共识，并且作为人们在一定社会条件下形成和发展起来的共同行为准则约束和规范着人们的具体行为。道德反映社会对人们的要求以及人们对社会的态度，并调整人和人之间、个人和社会之间的关系。这种社会道德现象在个体身上的表现，即思想品德，它是个人按照社会的道德准则所表现的某些稳固的特点和倾向。品德是人的内心世界的核心部分，是世界观的基础，它的形成和发展，不仅依赖于客观的社会条件，也依赖于人们心理活动和心理发展的规律。思想品德包括人们的世界观、人生观和价值观等方面。思想品德不是与生俱来的，它是在社会、家庭和学校教育的熏陶下，通过个体自身的实践活动形成和发展起来的。

德育是指教育者遵循具体的社会要求，以一定的目的和计划身体力行地影响受教育者，培养他们具备社会所期望的道德品质的教育活动。对学前儿童道德的教育是德育的最初阶段。学前儿童身体发展的特点决定了他们的道德认识、道德情感、道德行为处在发生发展过程中，由此决定对他们实施的品德的启蒙主要是引导儿童在与周围成人及与同伴的交往过程中，对人际关系的处理方法和诀窍有所体悟，并对日常生活中的行为准则有一定的了解，并能主动思考是什么、为什么、怎么做，在日后的生活中不断地对自己的行为进行修正，逐步培养起良好的行为习惯。学前期是影响和塑造一个人性格的重要时期，早年的熏陶和教育有助于个人形成良好的个性品质。

## 二、学前儿童德育的意义

### （一）学前儿童德育在当今社会发展中的特殊意义

现代科学技术的迅猛发展和社会现代化使人们的物质生活得到极大丰富，也带来了一系列的社会问题，其中最为严重的是生态危机和道德危机，不仅影响着人们正常的生活，还干扰了社会的可持续发展。各国教育者都呼吁扭转单纯注重智能发展的倾向，转向儿童身心的全面发展。1996 年，联合国教科文组织成立了"国际 21 世纪教育委员会"，提出了支撑未来教育的四大基础支柱："学会认知、学会做事、学会共处和学会做人"。日本 1989 年颁发的《幼儿园教育纲要》在幼儿园教育的基本目标中着重提出"培养人的爱心和信赖感，培养初步的自立和协作的态度以及道德性"，把"人际关系"这一新内容纳入五大教学领域（健康、人际关系、环境、语言、表现）。

学前儿童德育是全面发展教育的重要组成部分，但在实践工作中，仍然存在着重智育轻德育的倾向。随着社会的发展，人们既要重视儿童的智力开发和身体锻炼，也要重视儿童道德意识、道德行为的养成。目前我国的经济建设也需要全面发展的高素质人才，要求个体具有勇于进取和开拓的精神以及敏锐灵活的适应能力等，必须将这些品质的培养渗透到现代儿童的品德教育中，让儿童从小打下良好的基础。

我国独生子女的数量自 20 世纪 70 年代末开始实施独生子女政策以来急剧增加。据统计，当前我国城市中大多数少年儿童都是独生子女，同时在农村地区，独生子女数量也在增长。家庭资源集中的好处是独生子女基本都具有聪明、活泼、眼界开阔等优点，不好的地方是这些孩子很可能会有不擅交流、自私、霸道、胆小和生活能力差等缺点。此外，家长通常都抱着迫切渴望孩子成才的心态，将儿童发展的首要目标定位于学习文化知识和技能，这种观念上的偏差也在一定程度上导致了德育的弱化和边缘化。因此，加强学前儿童品德教育不仅符合当前社会发展的趋势，对于中国当前的教育更有着特殊的意义，是学前教育改革中不容忽视的问题。

### （二）学前儿童的道德行为发展与其他方面的发展相辅相成

学前儿童的道德行为发展是与其认知、语言、自我意识与个性的发展相辅相成的。儿童认知发展水平在一定程度上决定着儿童道德发展的水平。儿童感知觉在学前阶段处于迅速发展的时期，容易接受外界刺激和教育的影响，并在大脑中留下深刻的印象，促使动力定型。学前期儿童的口语发展处于敏感期，思维的特点是以具体形象思维为主，抽象逻辑思维开始萌芽，直觉行动思维仍然有所体现，在这个时期进行初步的行为品德教育，可帮助儿童学习约束自己。

学前儿童德育是德育系统工程的第一环，是道德品质教育的启蒙阶段。学前儿童品德教育的内容和实施需要充分考虑儿童认知发展的可接受性，遵循启蒙性的要求，尊重教育的内在规律，确定适宜的目标、内容和方法，务必避免对儿童进行成人化的说教。就如《规程》第二十五条所明确指出的，幼儿园的品德教育应该注重将儿童的情感教育和良好行为习惯的培养潜移默化地贯穿于儿童的各种活动和日常生活中。只有这样才能使儿童品德教育获得良好的教育效果。

儿童自我意识与个性的发展也为学前儿童道德启蒙教育提供了条件。学前期是个性雏形奠定期。性格是人的个性中最重要的方面，是人们在实践中形成的对现实稳固的态度和习惯化的行为方式。良好的性格是儿童发展的重要心理力量。学前儿童自我意识正处于发展的重要时期，儿童通过与成人和同伴的交往逐步形成一定的自我意识。通过德育，能调动儿童自身的主观能动性，使之主动参加各项活动，积极与成人及同伴交往，从而促进儿童形成活泼开朗的性格。

### 三、学前儿童德育的目标

《规程》明确了学前教育的目标，包括培养幼儿爱家乡、爱祖国、爱集体、爱劳动的情感，以及培养他们好问、诚实、友爱、勇敢、讲礼貌、爱惜公物、不怕困难和守纪律等良好的品德行为和习惯。社会领域则提出发展儿童的自信心、同情心，使之理解并遵守基本的社会行为规则，有初步的责任感等目标。综合来讲，可将品德教育目标细化为以下几方面。

#### （一）使儿童形成良好的生活习惯

良好的生活习惯包括健康的生活习惯（饮食、睡眠、生活自理和自我保护）、良好的卫生习惯、文明的行为习惯三个方面。

#### （二）培养儿童有礼貌的行为

有礼貌的行为包括礼貌讲话、问好、打招呼、尊重他人等。

#### （三）培养儿童友好的交往行为

友好的交往行为包括敬爱父母长辈、礼貌待客、尊敬教师、友爱同伴等。

#### （四）使儿童学会分享与合作

学会分享与合作指的是有分享合作的愿望，学会使用合作语言，在合作中能够互助，学会分工和协商，遵守合作规则。

#### （五）使儿童养成良好的学习习惯

良好的学习习惯包括：喜欢动手操作、感知观察，对周围事物感兴趣；能聆听他人讲话，愿意表达；喜欢阅读，爱看书、会看书；大胆表现、感受、体验美的情趣；做事有序，会正确使用学习用具和材料。

#### （六）使儿童增强独立性和自信心

拥有独立性和自信心指的是儿童能主动完成力所能及的事，完成教师交给的任务；在学习中能独立思考，主动探索，积极发言；肯努力完成有一定难度的活动任务，在活动中会想办法解决所遇到的问题。

## 四、学前儿童德育实施的要领

### （一）创造充满爱和尊重的精神环境

苏联教育家苏霍姆林斯基曾说过，对孩子的爱是生活中最重要的东西，也有人说世界上不存在没有爱的教育。有研究结果表明，在儿童的发展过程中，教师对儿童的爱和关心有着很重要的作用，教师的爱能促进儿童的身体和心理健康、全面地成长，让儿童能够在像家庭一样温暖的环境中接受教育、快乐玩耍。

#### 1. 爱心和"教育爱"

学前教师对儿童的爱不同于母爱，它高于一般父母的爱，具有教师职业手段所不能发挥的作用。只有儿童对教师形成了亲切的、依恋的感情，才能乐意接受教育并养成良好行为，同时儿童只有在有了良好的情感后，才会以相应的关心、友善的方式去表达对其他人的爱。这就要求教师爱班级中的每一个孩子。总之，教师的爱体现在能够找到每个孩子身上的闪光点并加以引导和培养，使他们获得良好发展。

#### 2. 爱心和童心

大量成功的经验表明，童心是教师与儿童建立连接的桥梁。教师没有童心就无法了解和理解儿童的心理。一位优秀的教师不仅是幼儿的主导者，更多时候还是幼儿的好朋友，与幼儿有着同样高度的视线，能用幼儿的视角看待世界。教师应怀揣一颗真挚纯洁的童心，带着笑容和真情与幼儿一起玩耍、讲悄悄话、讲故事、分享小秘密，与幼儿在平等的关系中产生情感的共鸣和灵魂的交流，为教师的教育工作奠定良好的基础。在这种平等的关系中，儿童也成为班级中的主人，教师可以和儿童一起讨论班级常规的内容、执行方法和管理方式，使儿童发自内心地遵守规则，互相提醒和纠正违反规则的行为。

### 3.爱心和尊重儿童

每个幼儿都有尊严，教师应该尊重、鼓励幼儿的个性发展，并用欣赏的眼光看待每一个幼儿。教师要帮助幼儿树立自信心和自尊心，从而促使他们形成良好的行为习惯和生活态度。例如，教师在发现小班幼儿会经常尿湿裤子时，应充分考虑到幼儿的自尊心，立即将幼儿带到隐蔽处，找来干净衣裤给幼儿换上，待幼儿情绪平复后再仔细查找原因。从生活的点滴细节中给予幼儿足够的尊重，引导幼儿自尊心和自信心的树立，同时要嘱咐儿童以后遇到这种事要及时上厕所或报告老师，绝不能斥责和嘲笑儿童。在一日生活中，教师要注意保护孩子的自尊心，细心耐心地处理每一件小事。

### 4.爱心和严格要求

教师的爱不是溺爱和毫无原则的爱。教师应该对儿童进行一致的、稳定的规则要求。当儿童出现错误行为和违反规则的行为时，应该冷静指出并坚决制止，对于儿童的不合理要求也要坚决拒绝，同时给儿童讲清道理，使儿童明确教师的态度和原则。在这样的氛围下，帮助儿童逐渐形成稳定的认识和良好的行为习惯。

## （二）强化榜样的作用与力量

榜样具有强大的说服力和感染力且有着具体形象。儿童往往难以理解抽象的道理，但他们能够以模仿的方式进行学习。比起苍白的言语，生动的榜样和实际的范例对幼儿产生的影响更为直接和具体，也更容易使幼儿信服，并在幼儿的脑海中留下深刻的印象。榜样可以具体化、形象化抽象的道德认识，启示幼儿自发地以道德为准则约束自己的言语和行为，使幼儿常常以榜样为标准来评估自己，主动修正与道德要求相悖的行为，并努力改正自身的缺点。

教育者的以身作则是幼儿最好的榜样。父母和教师的行为对于幼儿的道德行为有着重要的影响，但教师在幼儿心中往往是最具权威的人，幼儿会观察教师的言行举止并进行模仿。教师对人的态度、行为习惯和品德等对儿童有着深刻的、潜移默化的影响。所以，教师要时时处处用实际行动来影响儿童，发挥榜样的作用。身教胜于言教这一教育原则在学前教育中更为重要，如在活动室里，教师看见一名儿童没有椅子坐，就把自己坐的一把椅子搬给他并对他说："涛涛，请你坐老师的椅子。"其他儿童看见了，纷纷搬出自己的椅子请涛涛坐。教师一个自然的行为，儿童在潜移默化中就学到了。

教育者还需善于发现故事中的人物形象或拟人化形象、生活中的真实人物或事物等各种榜样，循循善诱、积极引导儿童对榜样的行为举止进行学习与模仿。如故事《四个好朋友》讲到小狗踩到了小公鸡的脚后，不仅说"对不起"，还做了很多事：赶快扶着小公鸡，然后问小公鸡哪儿疼，帮小公鸡揉揉，小公鸡就觉得不怎么疼了。通过小狗的拟人化形象，儿童会在潜移默化中逐渐学会用行动去表达对不起，并且慢慢学会了在行动之前多想想后果，从而达到知行合一。

### （三）运用鼓励、赞美促使儿童养成良好行为

鼓励和赞美是对儿童良好行为的积极肯定，是对儿童的正面教育，它对培养儿童的自尊心、积极性都起到很好的作用。每个儿童都有上进心、希望做个好孩子，教师对他们的进步和优点及时给予肯定和表扬，可以强化儿童的良好行为，会使儿童得到心理上的满足，进一步增强他们的上进心。在教育实践中，鼓励和赞美的方式也是多种多样的。除了语言以外，教师赞许的眼神、轻抚孩子的头也是很好的赞美方式。在语言的使用上，教师应该突破单调的"你真棒""你真是个好孩子"等常用的方式，而应该具体指出孩子值得赞美和鼓励的地方，如"你这个想法很新颖，老师都没想到""你把书整理得很整齐，你真能干"，通过这些具体的赞美，儿童了解了自己的哪些行为获得了肯定，也让班级中的其他儿童知道了正确的行为应该是怎样的，这样就能有效地促进儿童良好行为的形成。需要注意的是滥用鼓励和赞美也会给儿童发展带来负面的影响。

### （四）专门的德育活动和生活中的德育相融合

儿童品德的形成是一个渐进的、积累的过程。儿童的品德行为广泛地体现在

其日常生活中的言谈举止、待人接物以及事情处理中。日常生活多方面地影响着儿童品德的形成，让儿童能够重复练习和实践，所以说儿童德育的基本途径就是日常生活。德育应始终存在于儿童的日常生活中，教师应认真做好日常生活中的德育工作。

教育者除了在日常生活中对儿童进行道德教育之外，还可以有目的、有计划地按照儿童的年龄特点和品德的发展情况组织一些小组讨论、情境表演、展馆参观等活动，并在这个过程中充分发挥儿童的主动性，形式应生动活泼、新颖有趣、富有吸引力，这样才能收到良好的教育效果。

### （五）适应儿童个性差异的教育技巧

儿童来自不同的家庭，有着不同的成长经历，认知水平、个性特点都有着极大的差异。教师应该承认并正视儿童的差异，耐心引导，让儿童以他们各自的方式成长。对于一些活泼好动、自控能力差的儿童，要容许他们的行为反复，逐步引导他们遵守规则，表现出良好行为。对于交往能力差的儿童，教师应该分析观察，找到原因，如某儿童活泼好动，十分喜欢找别的儿童玩，但总是被同伴拒绝，教师通过观察发现该儿童交往的积极性很高，但是交往的技巧欠缺，他不知道应该怎样和同伴在一起玩，所以出现了抢玩具、破坏别人游戏成果的行为，结果遭到同伴的拒绝，成为同伴群体中不受欢迎的人。找到了原因，教师就应有意识地教给儿童交往的技巧，并教儿童学会控制自己的行为，逐渐地，儿童的良好行为多了，自然就融入同伴游戏中，成为群体中的一员。

对于那些胆小内向的儿童，教师则要循序渐进地引导他们积极参与群体活动，逐渐培养他们与同伴交往的技巧，不能操之过急、急于求成。在教育方法上也要更多地适应儿童的个性差异，尊重儿童。例如，胆小敏感的儿童不合群，经常独自在一边游戏，教师如果生硬地把他拉入游戏中，儿童可能会有强烈的恐惧感和抵触感，获得的是交往过程中的消极经验。教师如能利用儿童感兴趣和擅长的游戏自然而然地拉近儿童与同伴的距离，就能消除儿童的消极心理，使他们与同伴建立起比较亲密的感情。

在评价儿童良好行为表现时也应该用发展的眼光来看待儿童，更多地分析儿童自己在原有水平上的进步和改变，不能用一成不变的标准和眼光来看待儿童。

### （六）善于运用多种教育方法

#### 1. 故事法和讨论法

故事法是在学前教育中运用十分普遍的一种教育方法，有趣的故事符合儿童的年龄特点，容易吸引儿童，取得良好的教育效果。教师可根据儿童的年龄特点选用合适的故事，通过故事，让儿童了解故事中的人物和情节，潜移默化地对儿童进行品德教育。

讨论法是一种儿童对自己进行教育的方法，是指儿童利用已经获取的知识经验对某些不熟知、不理解、有错误看法的问题发表意见，进行讨论，获得正确的认识和看法。讨论法也是在教师的引导下进行的。对于年龄较小的儿童来说，可以从以教师为主、儿童为辅的讨论开始，逐渐过渡到儿童在教师的引导下主导的讨论。讨论法是有效提高儿童认识、情感、意志和行为水平的重要方法。由于儿童在讨论法的教育活动中处于主体地位，而非传统教育模式中被动接受强行管束的地位，所以其学习的主动性、积极性比较高。在教师的有效引导下，儿童主动参与观察、思考、体验、讨论，直到对问题有了正确的认识和理解。在讨论中，儿童明白了行为的对错、好坏，提高了认识水平和辨识能力，以及解决问题的能力，避免了儿童因说教过多而产生的逆反心理和抵触情绪。

#### 2. 移情训练法

移情训练法是一种以多种教育方式提高儿童对他人情绪的感知力、理解能力来培养儿童良好行为方式的教育方法。移情能力是一种社会认知能力。移情训练法的应用主要包括以下几种。

（1）认知提示，是指儿童通过成人的言语提示、分析、讲解，或由成人组织进行的讨论、游戏、表演等活动，从而学会辨别各种不同的面部表情所代表的情绪，理解不同社会情境中他人的想法和情感，促进儿童思考他人观点并扮演他人角色的能力发展，从而提高儿童的认知水平和社会理解能力，为塑造移情意识打下认知基石。通过移情教育活动，儿童能够比较正确地辨别他人在不同的社会情境中产生的常见情感，并且能够学会站在他人的角度上考虑问题，分析他人不同的情绪情感状态。

（2）情绪追忆，这是通过唤起儿童在过去生活经历中亲身感受到的最强烈的情绪和情感体验的记忆，引导他们对情绪体验产生的情境、原因和事件产生联想，建立起情绪体验与特定社会情境之间的密切联系，从而让儿童能够将各种情感更好地区分开来。

（3）情感换位，这是让儿童通过一系列从近到远的社会情境（父母—祖父母—邻居，同伴—老师—其他教职工等）进行角色的分析讨论和扮演，让儿童以他人角色去体验不同情境中的不同情绪和情感状态，提高其角色扮演的能力。儿童能够以追忆情绪和情感换位的方式将过去的情绪、情感体验迁移到相应的社会情境中，提高自己设身处地地为他人着想的共情能力。

（4）巩固深化，这是对以上活动的引申，让儿童就如何为别人带来积极情感进行讨论，促使儿童在积累一定的经验后，更好地掌握普遍性的行为规范。

（5）情景表演，这包括事例分析和行为练习。先提供一些假设的典型社会情境或案例，引导儿童分析在这种情况下如何让他人开心起来；再让儿童根据自己提出的建议轮流扮演不同的角色，让儿童能够从中感知到不同的情感，把握正确的行为方式。

### 3. 角色扮演法

角色扮演法是通过对现实社会中某些情景的模拟，让儿童在扮演角色时能尝试体会该角色的情感变化，站在该角色的角度和立场上分析和处理问题，并将感受及时地反馈给教师，再通过教师的指导去了解他人的需求和感受，从而更好地理解和把握与角色相适应的行为规范。在扮演角色的过程中，儿童必须按角色特定地位和所处的情景，遵循社会对角色的期待和要求表现出一系列角色行为，从而摆脱以自我为中心的思维模式。研究证实，角色扮演法能让儿童进入他人的角色，亲身体验别人的生活和情感，以他人的行为规范和道德要求行事，获取他人的行为经验，从而使自身的亲社会行为水平和角色承担能力得到显著的提高。

角色扮演法的心理效应可分为以下三个阶段。

（1）及时模仿和简单再现。角色扮演训练法的一个重要特点即为儿童提供行为范例，儿童最初只是在训练后将之简单地再现于游戏与日常生活的各项活动中，如模仿其中角色的一些语言和行为。

（2）认同。随着接受角色扮演训练次数的增加，儿童便会对角色扮演中的正面角色产生认同，他们已经能够理解他人的观点、处境和情感，能够预测自己的行为可能给他人带来的后果，这时儿童的行为不再是简单的模仿，他们能够在一定程度上表现出设身处地、替他人着想的行为。

（3）内化。内化是儿童品德行为发展的最高层次。儿童需要将外在的行为规范内化为自己的信念和准则，形成概括化的体系，并且能据此对自己的行为实行自我指导，主要表现为能单独一人或在不同的情景中，按群体规范表现出较高水平的亲社会行为。这种稳定行为的形成需要长期的学习和培养并伴随儿童心理的进一步成熟才能达成。

### 4. 行为练习法

学前儿童在品德行为发展过程中容易出现"言行不一"的特点。行为练习法就是一种改变重口头教育、轻行为训练的有效教育手段，这种方法强调通过一系列活动方式，让儿童在自然和生活环境中，在游戏中及创设的情境中，按照某些要求、准则和基本行为规范进行反复的练习。儿童依靠自觉地控制和校正，反复地完成一定的动作或活动方式，借以巩固知识，形成行为习惯。从生理机制来说，通过练习可以在神经系统中形成一定的动力定型，使之能够顺利地、成功地完成各种活动。

### 5. 发泄法

在传统的教育教学中，教师常常忽略儿童的内心活动，而只关注儿童行为的表面或者从成人角度出发去理解儿童的内心感受，通过安慰或转移儿童注意力的方法来消解儿童内心的消极情绪和挫折感。从儿童心理健康的角度出发，教师可以通过各种途径和方式，引导儿童正确发泄自己的内心情绪，让儿童发泄自己的不满和负面情绪，可以矫正儿童的不良行为，促使他们更加健康地成长。

发泄法是指教师为儿童提供一定条件或创设一定情境，让儿童通过自身的动作或活动来释放积压在内心的生理或心理能量，以达到新的生理或心理平衡。发泄法主要包括生理的发泄和心理的发泄。

精力旺盛的儿童在日常生活中，由于受到一些环境和客观条件的限制，其体内的能量得不到及时的发泄，时间一长就容易使儿童产生各种不良行为，如打人、坐不住、抢占玩具等破坏性行为。教师应该创设适合的教育环境，疏导和消耗儿童多余的能量。如一定强度的运动游戏能够帮助儿童发泄多余的能量，使儿童自主控制行为，遵守规则。

儿童在适应环境和与人交往的过程中，往往容易积累一些挫折、压抑、焦虑、失败感、恐惧感等各种消极情绪，如不能得到及时的排遣和发泄，这些情绪容易使儿童产生各种问题行为和不良习惯，如孤独症、厌食症、行为怪异等。教师应该特别关注儿童的情绪状态，一方面尊重儿童的情绪状态，不嘲笑他们；另一方面通过创设环境，允许他们以可接受的方式来发泄不良的情绪。例如：教师可以在班级中创设一个发泄区，可以在发泄区中放置一些运动器械，如沙包、棉垫等，儿童可以在这个区域中任意进行踢、打等动作；也可以放置一些画具和美工材料，让儿童任意涂鸦，根据自己的意愿来使用这些东西。事实证明，这些方式能够有效地消除儿童的不良情绪，从而减少儿童的不良行为。

# 第二节　学前儿童智育教育

智育是全面发展教育的重要组成部分，旨在使受教育者系统地掌握科学基础知识和基本技能，并使其智力稳步发展，在快速发展的现代社会中，智育的作用日益显著。

# 一、与智育相关的概念

## （一）知识

知识的涵盖面很广，它不仅包含人类内心丰富的心理活动，还包含人们从社会实践中获得的认识和经验，在心理层面具体可以表现为对事物的感觉、知觉、概念等，在实物上可以表现为书籍、音像及其他人造物。知识的形成是人类实践活动的结果。人在长期实践过程中积累了对客观世界的认识，并经过反复的实践检验，逐渐形成了具有严密逻辑的、反映客观事物本质和规律的各种知识体系。学校教育中的智育给予学生的是经过实践检验的、确凿可靠的、合乎逻辑的、系统的各门学科知识。

知识从类别来说可分为三种：自然知识、社会知识和人类思维知识，又可根据人对事物反映的深度分为感性知识和理性知识。人对事物外部属性和特征的反映即具有具体性和特殊性的感性知识；人对事物内在本质或规律的认识就是具有普遍性和抽象性的理性知识。在智育中既要使学生获得感性的知识，以奠定求知的基础，更应帮助学生形成理性的知识，使学生获得对事物本质的、内在规律的认识，这是学校教育的主要任务。

获得知识的途径包括直接经验和间接经验。直接经验是通过亲身感受获得的知识，如与外界直接接触或参加改变外界环境的活动。而通过间接经验获得知识的方式是他人传授或阅读等，如教师在课堂上传授知识，这是达到智育目标所必需的途径。对于学生来说，直接经验和间接经验都是必需的。在学前教育中，儿童认知发展水平的特点决定了以直接经验为主的智育形式。

## （二）技能

技能通常指人们为了实现认识或改造客观事物的目的而频繁使用的具体行动方式，当对技能的运用达到炉火纯青的地步时，技巧便开始形成。技能包含通过内部语言进行的智力技能，如构思、心算、默语等，还包括在大脑控制与调节下身体的操作技能，如唱歌、运动、绘画、制作等。技能的形成与知识的掌握是密不可分的，技能的形成要以一定的知识为基础，技能的形成又有助于进一步获取知识。

### （三）智力

智力的概念有多种解释，如称智力为"适应能力""学习能力""获得知识的能力""信息加工能力""认识活动的综合能力""先天的、一般的认知能力""人对环境有目的的行动，合理思考和有效处理的聚集的综合能力"等，至今没有统一的说法。一般说来，智力可以说是人关于事物认知的思维力、注意力、观察力、想象力、记忆力和创造力等基础能力，其中的核心是思维能力。

## 二、正确理解学前儿童智育，树立正确的智育观

现实生活中，社会上一些舆论的误导和商业化的炒作，使得学前儿童智育的内涵被人所误解，形成了令人担忧的倾向。人们将智力开发简单地归结为"识字教育""定向培养"。成人花费时间与金钱吃力地教孩子识字、背诗，送孩子上钢琴班、绘画班、体操班等，这种提前开始的知识技能的灌输和训练，是出于对智育片面的认识和理解，是一种带有强迫性质的过早学习，这种过早强制性的学习对学前儿童的要求过高，强迫他们去做能力范围之外的事情，忽视了学前儿童的年龄特点，有损儿童的健康和正常发育，阻碍儿童心理的正常和谐发展，而这些损害一旦形成，是难以弥补的。因此要理解学前儿童智育的内涵，正确认识智力发展与知识技能的关系，树立正确的智育观。

学前儿童智育的关键在于帮助儿童获得周围生活中多方面的感性经验，发展认知能力和解决问题的能力，培养学习的兴趣。

智力的发展与知识技能的掌握是辩证统一的关系。知识、经验和技能是智力发展的基础。知识经验的贫乏不利于智力的发展。领会知识，掌握技能，就是存储信息，为智力活动提供基础和中介。智力的活动促使人掌握知识和形成技能，二者缺一不可。一个人掌握知识的深度、广度和速度取决于其智力的高低。

传统的智育观，将掌握知识与发展智力视为自然的、和平统一的过程，认为只要重视传授科学知识，便可自然地促进智力的发展，这不符合辩证法与客观实际。按照皮亚杰的认知发展理论，儿童的智力发展依赖于儿童本身主动的活动，依赖于儿童与外界的多种人和事之间的相互作用，依赖于个体经验的不断丰富，通过同化顺应，使认知能力不断提升。不理解儿童认知能力发展的规律，盲目地给孩子灌输知识，让孩子死记硬背、机械模仿与单调重复，都会限制和阻碍儿童的智力发展。对儿童进行智育需要明确他们智力发展的途径和方式，注重在教育中发挥儿童的主观能动性，提供多种多样的物品和活动让儿童动手动脑，进行实际操作和探索，使他们的智力得到真正的发展。

## 三、学前儿童智育的重要性

### （一）适当的早期学习有助于日后学习能力的发展

心理学的研究认为，儿童不仅有游戏的需要、运动的需要、交往的需要，还有认知的需要。儿童在生活中会自发地学习，获得感性的经验，但是这种认识的水平是较低的，因为儿童自发学习往往获得的是片面的、零碎的，甚至是错误的知识。教育的责任就是在适当的时候，有目的、有计划地组织多种活动，满足儿童的认知发展的需要，促进儿童智力的发展，为以后进行系统的、深化的智力活动奠定较好的基础。

### （二）智育为儿童全面发展提供了必要的条件

全面发展教育的各个方面都包含智育的因素，如道德品质、审美观念的培养，身体的健康发展等无不与知识和智力活动相联系，没有智力的发展和知识的获得，良好的生活习惯、文明的道德行为和审美素养就无法养成。因此智育与其他教育是相辅相成、互为基础的，是人全面发展的必备条件。

学前儿童智育常常与体育、德育、美育处于同一过程中。从美国学者加德纳的多元智力理论的角度来看，智力结构本身就包含了运动智能、人际关系智能、音乐智能等。在儿童进行认知活动的过程中也培养着儿童的行为品质，锻炼着儿童的意志力，在进行体育活动或绘画、音乐活动时，也锻炼着儿童的注意力、观察力、想象力和思维力，同时也丰富着有关的知识。总之，学前儿童智育是全面发展教育中的重要部分。

## 四、学前儿童智育的目标

（1）让儿童认识周围环境中的事物、现象，并拓宽视野，丰富启蒙知识，学习一些科学技能。学前儿童智力教育具有启蒙性的特点。根据儿童的认知发展水平和学习特点，引导儿童认识周围环境中较为熟悉的事物和现象，获取广泛的和粗浅的知识经验，在此基础上形成一些初步的概念。儿童学习的知识主要来源于他们经常接触的人、事物和环境，其中有日常生活、社会生活及自然界中各种事物的特征以及事物和现象间的简单关系。随着儿童活动范围的扩大和认识能力的增长，可有意识地指导他们将已有的知识经验条理化、系统化。数概念也是儿童认识的内容，数概念具有抽象性和严密的逻辑顺序性，反映了真实世界事物与事物之间的关系。培养儿童对数字概念的理解以及对形体、时空概念的掌握和模式认知，有助于促进儿童的思维由具体思维向抽象思维发展。

儿童能够在认识和探究事物现象的过程中学习科学技能，如测量技能、分类技能、操作技能、表达技能等，这些技能可以有效提高儿童智力活动的水平。

（2）发展儿童以思维能力为核心的各种智能如感知能力、动手操作能力、观察力、注意力、记忆力和想象力。感知觉和动作是智力的基础，思维能力是智力发展的核心。教师应结合儿童的年龄特点和个别差异，通过多样化的认知活动有针对性地发展儿童的感知能力和动手能力，注意在生活和学习中鼓励儿童动手操作、感知、观察、记忆、思考和想象，促进儿童智能的发展。

（3）发展儿童的语言理解力和表达力，培养儿童阅读图书的兴趣。学前儿童语言教育的重点是提高儿童语言交往的积极性、发展语言能力，具体来说包括：喜欢聆听和阅读、清晰地表达自己想说的话、喜欢与人说话以及顺畅地吐露自己的情感。

（4）培养儿童学习的兴趣、自主性和良好的学习习惯。兴趣是儿童学习的动力，对于学前儿童来说，学习兴趣的培养应以他们的好奇心为基础，并在适宜的学习内容和有趣的活动中得到激发和提高，从而形成良好的学习习惯。学前阶段良好的学习习惯包括思考和提问的习惯、倾听与表达的习惯、阅读的习惯以及正确使用学习用具和材料的习惯等。

### 五、学前儿童智育实施的要领

（1）使儿童直接感受和认识生活中的社会和自然的事物与现象来获取基础的概念和经验

幼儿阶段的儿童在认识事物时主要通过直接动手操作或形象化的方式，这是因为这个阶段儿童的思维处于直觉行动期与具体形象期。3岁左右的儿童喜欢动手摆弄东西，他们会把纸撕成碎片或者揉成一团、将纸抛扔出去等，这是儿童探索事物的方式，他们通过揉、撕、扔等动作来了解纸的特性。此阶段的儿童喜欢形象化的东西，如色彩鲜艳的图片或者动态的实物，喜欢真实的小猫胜于图片上的猫，喜欢图片上的猫胜于老师用语言描述的猫。那种单纯的教师讲解、儿童坐着听的教学方式是不符合这个年龄阶段儿童的学习特点的。

儿童的学习是以原有的知识经验为基础的。儿童在生活中已经获得了一些直接经验。儿童在自然中嬉戏玩耍，并且获得了一些对于自然和科学现象的感性认识，如他们能认识周围的一些树木花草，叫出它们的名字，也认识一些动物，知道它们的生活方式，他们在生活过程中也积累了一些社会常识，如知道医院可以看病、邮局可以寄信、过马路要看红绿灯等。但是整体而言，儿童在生活中对事物的认识是片面的、零碎的，需要在教师的指导下加以整合，并使之系统化，在此基础上形成一些基本的概念。

在幼儿阶段，由于儿童概括水平有限，概括内容贫乏，基本上是以事物外部的、非本质的特征为依据；加上儿童经验有限，儿童所能掌握的概念是初级的、简单的日常概念，内涵也往往是不准确的。所以在此阶段，并不要求儿童一定要掌握严格的科学概念，因为科学概念往往是抽象的，是儿童的概括水平所达不到的。在教育过程中，应主要引导儿童学习掌握一些实物概念，如学习把鸡、鸭、鹅归为家禽，把萝卜、白菜和黄瓜归为蔬菜。在数概念的学习过程中，教师也要引导儿童从生活中的实物入手，逐渐发展到抽象的数的概念。

总之，在教育过程中要尽可能地运用活动的教育方法，使儿童充分运用感知能力和动手能力，以获得丰富的感性经验。比如"认识春天"的活动，教师就应该带领儿童走出幼儿园，到大自然中去观察春天、寻找春天。在户外，可以让儿童摸一摸泛青的树枝、闻一闻小草的清香、听一听小鸟的清脆歌声、看一看绿色的树叶和含苞的花朵、捡一捡落在地上的"毛毛虫"（杨树花）、捕捉飞舞的柳絮等，以充分感知和体验春天的特征。

（2）鼓励儿童主动学习

现代建构主义理论主张个体主动的自我建构，反对机械的外部灌输，该理论认为儿童不是被动地复制外界环境的影响，儿童对来自外界的影响往往会根据自己的兴趣、需求和已有经验来辨别、选择、解释和理解，这是一种发生在儿童内部世界的心理过程。同时这个心理过程也是过滤、筛选、加工和改造环境影响的过程。外部影响向促进儿童发展要素的转变只有通过这个内部心理过程才能顺利完成，所以儿童的主动学习是外部影响转化为儿童发展的关键环节。

皮亚杰认为儿童主体与外部环境的相互作用决定其认知的发展。儿童以自身的活动来对智力的思维形式和基本概念进行建构。儿童获得的知识是主体与外部世界不断相互作用而逐渐建构的结果。儿童通过自己的主动学习培养兴趣和发展才能。教育者的作用在于创设丰富的环境，促使儿童主动获得发展。

在教育过程中，要处理好儿童自主和教师指导之间的关系。自主学习并不等于对儿童的活动放任不管，要充分发挥教师的指导作用。维果茨基在探讨教学与发展之间的关系时指出，教学始终并且应当走在发展的前面，而不要落在发展的后面，由此他提出了最近发展区理论。最近发展区决定着教学的可能性。教师的作用就在于找出儿童最近发展区，促进儿童的主动发展。教师不仅要了解儿童的现状，还要判断儿童发展的动态和趋势，让孩子"跳一跳，够得着"，帮助儿童勇敢地接受挑战，激发思考力、创造力和意志力，体验成功的快乐。

教师在指导儿童学习过程中，要对学习资料潜在的价值、儿童的认知水平和学习现状有正确的判断，并在此基础上以启发性的方式引导、鼓励儿童提出问题、解决困难等。例如，当儿童在活动区配制吹泡泡水，用自制的用具吹泡泡，比较谁的泡泡吹得多、吹得大的时候，教师应该观察追踪儿童的表现，在合适的时机引导儿童，向他们提出进一步探索的问题："为什么有的泡泡大，有的泡泡小？有的泡泡多，有的泡泡少？"通过引导和鼓励儿童探究吹泡泡工具和泡泡大小之间的关系，不同泡泡水与泡泡大小、数量之间的关系等问题，可以激发儿童的探究欲望，促使儿童深入探究，最大限度地发挥材料的教育价值。

（3）让儿童在游戏中学习，在动手操作和多种活动中学习

游戏是伴随儿童成长的基本活动。儿童在游戏中获得快乐，探索环境，并与人和事物进行互动，从中获得经验来解决问题。游戏是幼儿园一日生活中最主要的活动，也是教育者进行教育和学习者进行学习的最佳途径。但在教育实践中，人们常常把游戏和教育割裂开来。在教育过程中，教师应该坚定地将游戏作为儿童的主要活动，给予儿童充足的游戏时间与自由，释放其天性，但同时还要寓学于趣，在游戏中添加教学内容，使儿童在游戏中快乐地学习与成长。

儿童学习的特点是用亲身操作与探索的方式直接获取认知与经验。通过实际活动获得的直接的、具体的经验是儿童理解抽象概念不可缺少的内容。教师应该提供多种适宜的材料让儿童动手操作，让他们在动手操作中观察、思考和发现。需要注意的是，教师在儿童动手操作的过程中应该给予适宜的指导帮助。动手操作是儿童学习的过程，让儿童通过动手促进脑力的进步，才是教育的目的。

一日生活的各项活动中都蕴含着多种教育价值和学习的机会。生活活动并不是简单地对儿童进行身体照顾和护理，也包括许多的认知学习内容。例如：在进餐活动中，儿童认识了盘中食物的名称，了解了其形态和特点；在值日生分发碗

筷的时候，儿童能够学习数数、分类、一一对应等数概念和数学技能。教师要充分利用一日生活的各项活动，在生活中进行智育。

（4）鼓励儿童运用语言、绘画、肢体动作及表演等方式表达自己的认识和感受

表达能力对于儿童来说是极为重要的。通过表达，儿童能够明晰自己的思维，将事物理解得更清楚，也有利于儿童与其他人进行交往并形成与他人分享、尊重他人的意见以及从其他人的经验中学习等学习习惯和态度。要时常引导、鼓励儿童将自己的探索过程和成果勇敢地表达出来，并与人交流、分享这种愉悦激动的心情。在传统教育模式下，运用语言进行表达是常见的方式，那些语言发展较好、表达能力强的儿童往往能够获得更多的机会，而那些语言表达能力较弱的儿童则失去了不少的机会。在儿童主动学习、操作和探究的过程中，应鼓励并支持儿童运用多种多样的方式来表达探索的感受和体会，让儿童既可以用语言表达，也可以用图画、肢体动作和表演等方式进行表达，如儿童在观察"蚯蚓"的活动中，可以用语言来描述蚯蚓的外形特征，也可以用画笔画出他们眼中的蚯蚓，用动作模仿蚯蚓的蠕动等。

（5）提供丰富和有层次的玩具和材料让儿童摆弄和操作，促进儿童思维的发展

发展思维能力是学前儿童智育的重要目标。思维能力包括儿童在认识事物的过程中培养形成和逐步发展起来的抽象概括、判断推理、分析比较等能力，具体表现为解决问题的能力。

儿童的思维能力是在趣味丛生的游戏中、丰富多彩的实践活动中发展起来的。教师应该为儿童打造能够进行愉快游戏的环境，准备多种材料和玩具供儿童探索和使用，包括沙、石、水、泥等自然物品和人工设计制作的玩具材料，使儿童进行充分的接触、操作、摆弄。教师应组织多种多样的活动，使儿童有机会观察、思考、操作、交往、表现，以促进儿童思维的发展。教师可带领儿童外出采集多种自然物品作为游戏和操作的材料，如种子、树叶、石子、贝壳等；利用废旧材

料来制作玩具；还可以采购一些特别设计的教育性玩具，如不同的积木、套环、结构玩具，包含分类、排序、数数等功能的玩具，提供给儿童使用。教师应根据本班儿童的认知发展水平和兴趣特点，分析各类玩具和游戏材料的教育价值，有层次地投放并指导儿童操作。

（6）以积极的态度和巧妙的方式回应儿童的问题

与成人相比，儿童缺乏知识和经验，周围的一切对于他们来说都是新鲜神秘的，因而他们表现出更强烈的好奇心。随着儿童年龄的增长，他们提出的一些形形色色、千奇百怪的问题让成人难以招架。例如：母鸡为什么会下蛋？为什么太阳不会掉下来？螃蟹为什么横着爬？这是儿童好奇心和求知欲的表现，而好奇心是儿童学习的内部动力，只有当儿童对事物表现出浓厚的好奇心时，他们才能有进一步探究的欲望，从而获得有关的经验和知识。教师应正确回应儿童的问题以培养和发展儿童的求知欲。

①耐心倾听儿童的问题，满足儿童的好奇心和探究欲。一些教师或家长厌烦儿童的问题或者对他们好奇的行为表现采取不理睬、嘲笑、冷眼相加的态度，如说"烦死了""你真傻"等，长此以往会使儿童对周围的事物失去兴趣与好奇心。因此当发现儿童对周围事物产生了好奇心，开始注意或者摆弄某一物体、观察某一事物现象时，应当及时支持。当儿童发现什么向教师报告或提出疑问时，教师要耐心倾听并表现出对儿童的发现感兴趣，以示鼓励，刺激儿童的探索精神，要让儿童知道，没有一个问题是不该问的傻问题。

②通过设置问题箱来收集儿童的问题。对于教师来说，每天要应对班级儿童的许多问题，恰当及时地对问题作出反馈同时保证班级工作的顺利开展是一件不容易的事情。教师可以在班中设置一个问题箱，鼓励儿童在教师或父母的帮助下将问题写成文字，投入问题箱中。对于年龄较小的儿童，则可支持儿童把自己的问题用绘画加符号的方式表达出来，这样既满足了儿童问问题的需求，又培养了儿童的书写能力。教师应当定期打开问题箱，了解儿童的问题，并进行恰当的回应。对于儿童普遍关注的问题，教师可考虑以儿童的问题为起点，将相关内容编

入课程，对问题进行集体探索并由此帮助儿童获取有益的学习经验。

③通过多种方式来回答儿童的问题。对于儿童提出的不同问题，教师应该采取不同的回答方式。不应该马上将所有问题的答案告诉他们，教师可以鼓励引导儿童通过自己的探究寻找答案。对于那些教师也不知道如何回答的问题，教师可以实事求是地回答"不知道"，同时和儿童一起想方法，通过各种途径来寻找答案。

当然，对于一些事实性的问题，用浅显易懂的语言直接告诉儿童答案也是合理的方式，如告诉儿童某种物品的名称、解释空气污染的危害等。

总之，积极并恰当地回应儿童的问题，能够满足儿童的好奇心，并进一步激发儿童探究的欲望，使儿童形成强烈的学习兴趣和动脑习惯，为其今后的成长奠定良好的基础。

# 第三节　学前儿童体育教育

## 一、学前儿童体育的内涵

学前儿童健康的标志是体格发育正常，体态无缺陷，各项体能达到年龄标准，对环境有一定的适应能力，精神饱满、愉快，有一定的控制力。它包括了学前儿童心理健康和身体健康两大方面。学前儿童体育教育活动的目的是按照儿童身心发展的自然规律，保护儿童的身心健康，增强儿童的体魄和提高儿童的健康水平。

人体是由物质组成的高度发展的生物机体。一个人从出生起，就开始了他同外界环境的互相作用，不断培养适应和平衡的能力，在人体与外界的相互作用下，人体不断发展。为了增强儿童的身体素质、提高儿童的健康水平，需按照儿童身体的生长发育规律，以科学的方式为他们提供外部条件。

体质指的是人体的质量。一个人体质的强弱会受到遗传、后天环境等多方面的影响，体现在以下几个方面。

### （一）体格

体格是指人体的生长发育、体形和身体姿势等形态结构。

### （二）体能

（1）生理机能，它是指人体心血管系统、呼吸系统等各器官系统在新陈代谢作用下的工作能力，体现为血压、脉搏、肺活量等指标。

（2）身体素质。身体素质是指人体在中枢神经的命令下所表现出来的力量、协调、灵敏、速度、柔韧、耐力等能力。

（3）身体基本活动能力，即人体最基本的钻、爬、走、跳、跑、攀登、投掷等基本的活动能力。

### （三）适应能力

适应能力包括机体抵抗各种疾病的能力、病后的恢复能力以及机体对外界环境的潮湿、冷热、干燥等各种变化的适应能力。

### （四）心理因素

体质是感知能力、思维、记忆、注意力以及个性等方面相互联系和促进的整体，可以通过心理发展水平来衡量。

## 二、学前儿童体育的重要性

### （一）儿童生理发展的需要

儿童的身体在生长发育方面具有很强的可塑性，他们的身体器官和系统发育还不完全，相对来说比较脆弱，抵抗力较差，很容易受到伤害，此外，他们的身体形态也还没有定型。因此，让儿童参加适度的体育活动非常重要，不仅如此，还要保证给予儿童充足的营养和睡眠，这些都能促进儿童身体的正常、均衡发育。相反，如果不注意这些方面，就会严重损害儿童的身体健康。幼儿期这一人类健康成长的关键阶段决定着人未来身体的生长发育状况和健康状况。

1. 神经系统特点

儿童大脑的发育非常快速，3岁时的脑重约为1000克，是刚出生时的3倍，后面的增长速度比3岁前的增长速度要慢一些，儿童6岁时的脑重约为1250克。脑重量在增加的同时脑的功能也在不断成熟，大脑皮层分层、细胞分化、神经纤维外层髓鞘形成以及大脑皮层对外界刺激的反应和调节都在日益完善。然而，在儿童的神经活动过程中，兴奋占据优势且容易扩散，但抑制能力较差，不平衡的兴奋和抑制让儿童表现出活泼好动、注意力不集中的特点，在长时间单调的活动中，儿童极易感到疲劳，所以必须以科学的生活作息、合理搭配的营养膳食、充足的睡眠和适量的运动来平衡神经活动过程中的兴奋和抑制，增强神经活动的灵活性，并使神经系统的工作能力得到改善和提高。

2. 骨骼和肌肉系统的特点

儿童骨骼最主要的特点是软骨组织和骨组织内的水分、有机物较多，无机盐较少，所以儿童的骨骼弹性较大，硬度较小，在受到外力的压迫时极易弯曲变形；儿童胸骨的结合还不完全，维生素D摄入不足和坐姿歪斜等可能导致胸骨发生畸变；儿童的脊柱还没定型，需要预防脊柱弯曲，特别要注意让儿童保持正确的坐姿和站立姿势。幼儿期是骨骼发育最旺盛的时期，如果给予儿童适度的体育锻炼、劳动和日常生活等负荷，可以加速血液循环和新陈代谢，将更多的营养供给给骨骼细胞，促进骨骼的生长发育，让儿童的身高得以增长。但如果各项活动组织不合理或负荷过大，可能会导致骨骼过早骨化，影响身高的增长。儿童的肌肉中蛋白质和无机盐的含量较少，水分含量较多，肌肉纤维细嫩且富有弹性，肌肉力量不大，容易感到疲劳。全身大肌肉群的发育较小肌肉群优先进行。肌肉在体重中所占比例较小，新生儿的肌肉只占体重的23%，幼儿则占27%，而成人的肌肉几乎占了体重的一半，占比为41.8%。因此，儿童需要进行更多的体育活动，多摄入营养，加快大肌肉群的生长，同时也要多训练小肌肉群，通过各种科学合理的活动促进肌肉的全面发育。

3. 心血管系统的特点

儿童的心血管系统中，心肌纤维较细且弹力纤维较少，心瓣的发育还不完善，心脏的收缩力不强。但血管壁具有良好的弹性，血管直径较宽，血液在血管中的流通较为顺畅，因此收缩压较低。儿童比成人心脏每分钟的血液输出量要低一些，再加上旺盛新陈代谢和迫切生长发育的需求，就需要以加快心率的方式让输出量得到增加。儿童心脏的重量和容量较小，所以不具备较好的负荷能力，因此需要科学合理地安排生活中的各种活动，在儿童心脏可以承受的范围内让儿童参与一定量的体育活动，既能达到强身健体的目的，又能让心脏健康发育。

4. 呼吸系统的特点

儿童的胸腔、肺容积和肺活量较小，呼吸肌的力量较弱，肺泡还未完全发育，因此通气量不多且呼吸较浅。然而，儿童较强的代谢能力促使他们大量吸入氧气，所以儿童的呼吸频率也就会比成人快些。儿童短而窄的呼吸道、又薄又脆弱的黏膜、丰富的血管和淋巴管使其身体的抵抗力较弱，难以适应外界复杂多变的气候，因此儿童弱小稚嫩的身体极易成为呼吸道疾病的温床。所以在生活中需要更加细心地护理儿童，保证儿童能够在一个干净清新的环境中成长，时刻注意儿童呼吸道的卫生，让儿童多进行户外活动，呼吸新鲜空气，以使其呼吸系统的抵抗力得到增强，减少患病的风险。

5. 消化系统的特点

儿童的消化酶和胃酸分泌比成人少，所以消化能力较弱，消化功能也不稳定，对环境的适应性较差。食物摄入过量、受冷受热、情绪不安或其他疾病都可能导致消化系统功能紊乱。所以要在保证儿童营养充足的同时培养其良好的饮食卫生习惯，保护牙齿，降低龋齿产生的可能性，并适当增加运动来强化消化系统。

6. 病理特点

儿童的免疫力低下，皮肤、黏膜和淋巴组织的屏障作用较弱，容易感染病菌，并且感染后极易在体内各处扩散。患病时，儿童全身的反应会较为强烈，病情的变化也很快，会有极大可能由轻微变为严重，倘若不进行及时的救治和护理，很有可能会引发其他病症。但儿童的生命力和修复能力又很强，及时的治疗和科学护理就可以使其身体得到恢复。所以在幼儿时期，卫生保健工作、疾病的预防和治疗、良好的生活条件和身体锻炼都非常重要。

### （二）儿童情绪、情感和社会性发展的需要

儿童的身心发展是在活动中进行的。儿童神经系统的良好发育和其他器官系统的正常运作离不开体育活动；儿童的心理活动也依托于体育活动而变得丰富多彩。科学合理的生活作息可以保证儿童的身心健康，同时也能增强他们参与各种活动的能力，使他们保持活泼愉快的精神状态。儿童在参加体育活动的过程中，其自我意识也在形成和发展。运动能力强的儿童在成人与同伴中获得积极的评价，从而形成积极的自我意识；运动能力弱的儿童则有可能对自我的评价较为消极。体育活动过程中有一定难度和挑战性的任务，需要儿童用勇气克服，可以培养儿童勇敢的心理品质。

### （三）儿童认知能力发展的需要

许多发展心理学的研究都认为动作发展与智力发展之间有着密切关系。智力是大脑的一种功能，动作的发展与大脑神经中枢控制能力的发展具有密切的关系。二者缺一不可、相辅相成。动作发展的生物学基础是不断发展的大脑中枢控制能力，同时动作的发展也在时刻刺激着大脑皮层的发展。

皮亚杰认为儿童认知发展是分阶段的，最初的认知阶段是感知运动阶段，即儿童是通过一系列的具体动作来认识周围世界、发展认知能力的。随着儿童年龄的增长，动作逐渐内化为头脑中的思维运演能力，因此动作是智力的基础。从实践中也可以看到，体育游戏不是简单无序的活动，它具有一定程度的复杂性，这就对儿童提出了一定的要求，他们需要细心地分析情况和结果、敏捷地思考、快速地行动才能顺利地完成游戏并获得成功，这样的体育游戏可以极大地促进儿童

思维、想象能力和主动性、灵活性的发展。如在玩球时，需要游戏者预判球的运动速度与方向，判断球所在的空间位置，并适当地调整自己的位置、运动方向与速度等。儿童最初缺乏这种经验，总是不断地追着球跑，通过不断尝试，他们能够逐渐学会有效控制球的速度和走向。所以，进行体育游戏对儿童来说，不仅仅是身体的运动，还是头脑的运动。

## 三、学前儿童体育的目标

### （一）保护儿童的生命，促进儿童身心的正常发育

《幼儿园教育指导纲要（试行）》中明确要求，幼儿园必须把保护幼儿的生命和促进幼儿的健康放在工作的首位。正因为儿童的身体器官和各种机能正处于生长发育的阶段，脆弱柔嫩的机体难以适应环境和抵抗各类疾病，儿童生活经验较少，更不能独立生活，所以需要成年人保护他们的生命安全并精心照顾他们的饮食起居，并通过让儿童参与各项体育活动，增强儿童的体质，提高其机体各器官、各系统的生理机能，保证儿童的身心健康成长。

### （二）关注儿童积极情绪的培养

情绪是个体成长的重要方面，情绪健康直接影响个体的身体发育和健康水平。学前儿童正处于情绪发展的关键时期，应该关注儿童在日常生活中的情绪状态，积极疏导儿童的消极情绪，使儿童逐渐形成积极向上的稳定情绪和活泼开朗的性格。

### （三）养成儿童基本的卫生习惯

对于学前儿童来说，基本的卫生习惯包括饮食、睡眠、生活自理和自我保护等方面的习惯。从小培养良好的卫生习惯能让儿童终身受益。培养能力和养成习惯是一个长期且连续的教育过程。习惯形成的生理基础是动力定型，大脑皮层固定下来的条件反射系统可以通过在相同条件下连续出现的同一刺激的反复加强而形成。

**（四）发展基本动作，增强体质，培养对体育活动的兴趣**

儿童所需的身体动作和能力可以在日常生活和各种体育活动中得到发展，钻、爬、走、跑、跳、投掷和攀登等动作的充分发展不仅可以锻炼儿童的身体，还能促进儿童独立性的培养、活动能力的增强和智力的开发。

**（五）进行安全教育**

儿童年龄小，缺乏生活经验，独立生活能力较差，应加强生活护理和安全教育，教育他们遵守制订的行为规范，引导他们懂得注意安全的简单道理和具体做法，如用电、防火和交通安全等，培养儿童的自我保护能力。

## 四、学前儿童体育的实施要领

**（一）提供安全的、适宜儿童做身体运动的良好环境和设施**

适宜的环境和设施是身心健康的物质条件。幼儿园应充分利用现有的经济条件，因地制宜，为儿童的健康成长创设条件。

（1）符合卫生和安全要求的房屋、设备。幼儿园的房舍应该符合卫生和教育的要求。活动室应保证充足的采光和足够的活动空间，确保每个儿童都能有2.5平方米以上的占地面积，3米以上的室内高度，以使新鲜空气能够正常流通。有条件的幼儿园可分设活动室、睡眠室和盥洗室。室内家具要便于儿童使用，符合儿童的身材，并符合安全和清洁标准。特别是桌椅高矮要适合不同年龄儿童的身高，以保证儿童的生长发育并形成正确的姿势。

（2）安全和有教育意义的活动场地和设施。幼儿园活动场地包括户外和室内的。幼儿园应该结合自身条件，尽可能创设便于儿童活动和安全的场地，并注意环境的绿化和美化。场地应该平坦、有遮阳处，不远离活动室。各个班级最好有专用的游戏场地，同时全园也要有公用的游戏场所，如跑道等。户外场地有限的幼儿园也可充分利用幼儿园的房屋条件，设置楼顶平台活动场地或建立室内的活动场地以扩大儿童活动的空间。

幼儿园应提供可以让儿童开展大肌肉活动的场地。活动场地要放置一些大型的设备和用具，如攀登架、滑梯、蹦床、大型积木等。场地的布置要合理，不能妨碍儿童正常的身体运动和其他体育活动，避免因体育设备堆放密集而有损儿童的人身安全和受教育活动。在场地有限的情况下，应分时段安排活动，保证各班儿童户外活动的时间。

**（二）坚持卫生保健的常规工作**

幼儿园应制订卫生保健制度并严格执行。卫生保健工作包括对儿童的日常护理工作、清洁卫生消毒工作、疾病预防及常见病的治疗工作、儿童身体健康检查工作、营养的调配及膳食卫生的检查等。卫生保健工作除了由幼儿园中专职的保健人员或医生主要负责以外，还要靠教师、保育员及幼儿园其他工作人员的协同执行。

**（三）建立科学合理的生活制度**

生活制度是对儿童一日生活中各种活动（包括进餐、睡眠、教育活动、来园和离园等）的次序和时间进行的科学、合理的安排，让儿童拥有健康、规律、松紧有度的生活，更加健康地成长。幼儿园在制订生活制度时应遵循以下三点原则。

（1）遵循儿童的生理特点。儿童的神经系统正在发育过程中，兴奋和抑制不平衡，容易兴奋，神经系统容易疲劳，注意力不持久。因此，教师应组织多样化的活动，做到动静交替，方式活泼多样，每天应保证儿童足够的睡眠时间，年龄越小，睡眠时间应越长。儿童消化系统机能较差，食物在胃里停留的时间一般为3～4小时，因此两餐相隔时间不应少于3小时，不超过4小时。要多组织儿童户外活动，接触新鲜空气和阳光，每天的户外活动时间夏季不应少于3小时，冬季不应少于2小时。

（2）考虑季节的变化、地区特点和家长的需要。不同地区的气候条件和地区特点不相同，家长也会有不同的要求，因此幼儿园在制订生活制度时不能生搬硬套，要针对现实中的多种情况，合理安排生活制度中的各环节，适时调整，以利于儿童的健康成长。

（3）考虑保教结合。在生活制度的制订过程中，保育和教育内容也要互相协调，既要注重生活活动的安排，也要提供充分的智力活动，刺激儿童的大脑，丰富生活，促进其身心健康发展。

教师作为生活制度的组织者和执行者，应该耐心细致地引导儿童遵守和熟悉生活制度，逐步培养使之成为习惯。生活制度的执行既要有稳定性也要有灵活性，要充分尊重和考虑儿童的个别特点和需要，使每个儿童都能愉快地生活。

**（四）坚持户外活动，开展有趣味的、多样的体育活动**

在正常情况下，幼儿园户外活动时间每天要在 2 小时以上，寄宿制的幼儿园则要在 3 小时以上。教师在保证儿童户外活动时间的基础上，应该设计组织多种形式的体育活动，激发儿童体育活动的兴趣，同时在活动过程中培养儿童勇敢、克服困难的精神和活泼开朗的个性品质。在体育活动的开展过程中应注意以下几点。

（1）体育活动的组织和开展要注意科学性和安全性。学前儿童体育活动的开展要遵循学前儿童身体生长发育的特点，避免进行过度剧烈和危害儿童身体的运动和锻炼，同时也要避免进行枯燥的、不断重复的身体练习，防止体育锻炼的小学化和成人化。

教师应制订周密计划，掌握好体育活动的量和密度。一要考虑儿童的年龄特点和个别差异，对于好动的儿童要适当控制其运动量，对文静内向的儿童，则要鼓励他们积极参加活动，使全体儿童都能得到充分而适度的活动。二要根据季节变化来调整运动量和密度，冬季户外气温较低，运动密度安排得紧一些，运动量大一些；夏季气温较高，运动密度可适当减小，量相应减少。三要注意儿童活动能力和生理机能的变化，并以从上升到稳定再到下降的规律作为基础来安排活动，运动量要按照小—大—小（放松）的规律进行安排。另外，在儿童活动时要注意仔细观察儿童的呼吸、出汗量和脸色的变化，以及是否出现腹痛、恶心呕吐等症状，以此来判定儿童活动量和密度的安排是否合理。教师还要以严肃认真的态度，做好体育活动的准备工作，在活动开展前，对场地、设施、器械进行检查，杜绝事故隐患，保证活动的安全进行。

（2）体育活动的兴趣性。在组织儿童开展体育活动的过程中，教师可提供多样化的选择，如球类活动、骑车游戏等，满足不同儿童对感兴趣的体育活动反复练习的需求。儿童的天性是活泼好动的，单调枯燥的活动容易引起儿童的反感。教师要从兴趣入手，调动儿童参加体育活动的主动性和积极性，开展丰富多彩的体育活动和游戏，既可以开展传统形式的以班级为单位的活动，也可以开展小组、个体自选及其他形式的体育活动。例如，幼儿园每日半小时的区域性体育活动，就是将现有活动场地划分为几个不同的活动区域，如球类活动区、钻爬攀登区、跳跃区、追跑区、玩沙玩水区等，园内各班儿童在本班教师指导下，自行选择自己所喜爱的活动，多名教师分别在各区指导儿童活动。这种不以班级划分的大区域活动形式，既可以充分调动儿童活动的积极性、主动性和创造性，又能使儿童的运动机能和个性得到良好发展，还可加强不同年龄儿童间的相互交往。

早操和各种体操也是幼儿园体育活动的形式之一。幼儿园体操包括徒手操、轻器械操、模仿操等。徒手操是由身体各部位的各种不同动作组成的单个动作或成套动作，如上肢动作、下肢动作、躯干动作等所组成的一套操。轻器械操是在徒手操的基础上，手持轻器械（棍棒、绳、花环等）进行的体操动作。模仿操即儿童根据诗歌的词意、教师口述的形象做出多种动作，如马跑、大象走等，还有教师自行创编的内容新颖、形式生动的各种韵律操，通常还会配合节奏鲜明、轻松活泼的乐曲。教师应注意结合本班儿童的发展水平和年龄特点来编排合适的体操。

此外，在体育活动开展时要注意尽量减少排队和等待的时间，教师语言要简洁，避免过多说教。

（3）体育活动的开展要结合本园、本地的特点和传统。幼儿园应该根据本园的具体环境和条件开展活动，如南方可利用水，北方可利用冰雪开展适合儿童的游戏。要就地取材，自己动手，积极为开展体育活动创设物质条件，如废旧铁罐做的高跷，旧汽车轮胎做成的秋千等，还应开展富有民族和地方文化特色的体育游戏活动，如扔沙包、滚铁环、跳皮筋、放风筝、捉迷藏等，这些都是儿童十分喜爱，既经济又富有教育价值的活动。

郊游活动也是对儿童身心发展十分有益的体育活动。攀上一座小山包或漫游一座公园，可以使儿童走出封闭的幼儿园围墙，与大自然直接接触，呼吸到新鲜的空气，聆听小鸟的欢唱和小河流水声，闻到树木花草的芳香，欣赏到美丽的风景，这本身就是对儿童身心的锻炼和陶冶。此外，在郊游中，儿童的攀、爬、走、跳等运动技能也会得到进一步的锻炼和提高。教师在组织儿童进行郊游活动时应做好准备工作，获得家长的同意和支持，并对儿童进行安全教育，以顺利成功地完成郊游活动。

### （五）关注特殊儿童在体育活动中的需要

体育活动不仅应当满足一般儿童增强体质、发展动作技能和培养个性的要求，还应当对特殊儿童起到积极的作用。

教师应该深入观察和了解儿童，掌握班级每个儿童的具体情况。对于班级当中的患病儿童要做好护理和照顾工作，安排不能从事剧烈运动的患病儿童参加一些安静的和有教育意义的活动，帮助患病儿童尽快恢复健康。对于班级当中的体弱儿童，应根据其身体特点及时调整活动量、强度和难度。对于有心理障碍的儿童，如胆小退缩的儿童，则应耐心引导，根据其身体状况，安排能够引起其兴趣的活动，从简至难，循序渐进地进行。

总而言之，学前儿童体育是学前儿童全面发展教育的重要一环。通过体育，学前儿童不仅能够增强体质和发展身体动作，还能获得积极的情绪体验，形成不怕困难、自信勇敢的精神以及善于合作、活泼开朗的个性品质。

# 第四节 学前儿童美育教育

## 一、美育的内涵

美育即审美教育。美育是对年轻一代感受自然和社会环境、日常生活和艺术作品中美的培养，爱美、审美情趣的培养以及表现和创造美的能力的培养。

美感是人们对美的事物的感知或体会。美感具有以下几个特征。

（1）直觉性——以人的审美经验为基础，直觉地感受到美。

（2）情感性——人在审美活动中充满了情感色彩，有爱、憎、好、恶的审美态度的参与。

（3）社会功能性——美感中包含着对人类社会生活有意义和有用的内容。

（4）主体性——通过审美主体主观的心理和生理过程而反映出来的客观审美对象的部分主体特征。

美存在于各种事物中，随着人类生活的日益丰富和发展，美的事物也更加丰富多彩，在不同领域中美的特征不同，可分为下述几种表现形态。

### （一）自然事物和现象的美

自然美有直接形态的，如天空中日月、星辰和云彩的变化，大地上原野、河流、湖泊、山峰、海洋等自然景观的变化，也有经过劳动加工的形态，如人工种植的花草树木、喂养的小动物的美等。

### （二）社会生活中事物和现象的美

社会美的根源在于社会实践，而社会实践构成了丰富的人类社会生活，所以社会美主要以人物形象的美来表现。

人是自然与社会的实体，是因为人内在的品质、性格、情感和才能的形成与展现都要依托于社会实践，并通过一定的外在形式来表达，主要体现在人物的表情、动作和语言的自然表露。人的长相美也是人的形体美的一种表现。人的内在品质美对人物形象美有重要作用，因此社会美侧重于人物形象的内在精神品质的特点。当人既有内在的美好精神品质，又有外在的形体美时，便构成人们想象中的完美。可是人的形体美和心灵美在现实生活中通常是不一致的，甚至是完全相反的。有的人内在品质好，但形体上有缺陷；有的人形体很美，内心却阴险恶毒。人的美好精神品质和才干决定了人的真正审美价值。

### （三）日常生活中的美

日常生活中的美主要指人们经常接触到的工作与学习环境、家庭环境、家具、日常用品以及服饰等事物的美。总的来说，就是形式美，即人体装饰的美和环境美。日常生活中的美持续对人产生着影响，它不仅能让人在感受美的过程中获得身心的放松和心情的愉悦，还能提高人的审美水平。

### （四）在艺术作品中表现的美

艺术作品的美是通过艺术家的创造性劳动，用不同的形式将现实中事物的美表现出来，是现实美的主观反映的产物。艺术的种类很多，如建筑设计、实用工艺、绘画、雕塑、音乐、舞蹈、语言艺术、戏剧和电影等，各种艺术有其审美特点和不同的表现形态。现实生活是艺术创作的源泉，艺术作品表现的美，既反映生活又高于生活。艺术美是现实美所不能替代的，艺术创造是艺术的生命。艺术美在美育中有重要作用，借助艺术进行艺术教育是美育的主要形式。

## 二、学前儿童美育的意义

### （一）美育具有独立的功能

美育具有独立于德育和智育的功能，它对于培养人的创造力、敏锐的感受力、丰富的个性、广博的知识、高尚的审美趣味和道德情操都具有特殊的作用。美育的范围很广，凡是能提高个人修养、情操和品位的活动或事物都具有美育功能，它不完全脱离道德境界，但比之更高一层；它也不完全脱离功利，但又超越功利。在这个意义上，美育促使人不断地追求和完善自己。狭义的美育，主要指艺术教育。学校教育中的美育是从广义上来讲的。

### （二）美育是德育、智育、体育的催化剂

美的事物通常具有鲜明、具体的形象，美育便是利用这种特点来感染、调动人们的情绪，给予人们宣泄情感的出口，让人们在不知不觉中受到美的熏陶。美育在学前期更为重要。情感在学前儿童具体形象性和直觉行动性思维的发展之初占据了优势，所以儿童常常带着情绪进行认识活动。一些鲜明生动的形象和艺术手段，如现实生活中的美好事物，音乐舞蹈、造型艺术和艺术语言等，与儿童认识的特点相吻合，儿童的注意力和兴趣极易被吸引，同时美好事物也更容易为儿童接受和理解，使教育能收到更好的效果。通过唱歌、跳舞、绘画、手工、复述故事、朗诵诗歌等美育活动，培养儿童初步的审美能力和对美的兴趣、爱好和感知力，可以让他们掌握基础的艺术技能，促使其艺术创造力的发展。一个人在早期得到的美的印象会留下深刻的痕迹，早期的艺术教育可以为儿童以后艺术才能的发展打下好的基础。通过美育对儿童思想感情的影响，不仅可以使儿童对身边事物的认知有所加深，还能促进儿童良好品质和情操的形成，以及正向性格的养成。

在学前期，美育不仅是全面发展教育的组成部分，更是全面发展教育的基础。美育是德育、智育、体育的催化剂，对其他各育有着促进作用。

儿童的美感与道德感常常在同一过程中产生。儿童在感受美的同时，也体验着相应的道德感。大自然、文学艺术作品和现实生活的美形于表，寓情于内，具有引人入胜、动人情感的陶冶作用。在艺术活动中，儿童的情感和行为品质既能够得以充分表露，也能得到培养。美的事物可以陶冶儿童的情操，培养儿童积极向上的精神。

美育可以开阔视野，增长知识，促进儿童的智力发展。周围生活中美的事物

和形象，以其美的声、光、形、色等特征激起儿童的兴趣，促进感知觉的积极活动和发展，提高各种感知觉的分化能力，如音乐通过音响、旋律和节奏锻炼儿童的听觉感受性。儿童正处于形象思维发展的初始阶段，具有概括性、典型性的艺术作品中的美的形象，可以活跃儿童的大脑思维和内心情感，使他们产生丰富的联想。儿童在艺术活动中，实现着内在的认知建构活动和外在的表现活动的统一，如儿童自编表演动作、有感情地讲述故事、绘画、制作玩具等，这些不仅是发展儿童思维和想象的有益活动，也可发展儿童操作能力和各种技能。

现代对人脑的研究认为：人的大脑左右两半球分别掌管言语的逻辑思维和非言语的空间感知觉和形象思维。大脑左右两半球的认识方式是不同的，但都有重要的机能。两半球必须协同活动，才能促进心理更好地发展。传统的教育偏重于发展左半球，而忽视发展右半球，这是不恰当的。因此，不仅要重视通过语言和逻辑的方式认识世界，还要重视通过艺术活动，以形象化方式认识世界，如通过美术、律动、舞蹈、唱歌、表演，以及对文艺作品的欣赏等活动，以促进大脑左右两半球协同活动，进一步拓展儿童的心理潜力。

美育丰富着儿童的生活，能够引起积极愉快的情绪，使儿童精神饱满、心情舒畅，以调节疲劳、促进健康。美育要求身体各部位根据各种不同的需要参与活动，促进儿童动作的发展，其中对手的精细动作的练习尤为突出。

总之，美育因更容易为儿童所接受，能够激发其情感、陶冶其精神的特殊性，在儿童的全面发展教育中发挥着重要的、不可替代的作用。

## 三、学前儿童美感发展的特点

儿童的美感与意识的发展是同步进行的。婴儿的神经系统在出生后先于其他系统成熟，感知觉、思维、想象和情感等心理过程的发展推动了美感的出现和发展。儿童美感发展历程的最初，是无意识地对美的现象作出反应，然后慢慢开始模仿周围人对美的表达，再进一步地发展为有意识地感受和表现美。学前儿童的美感表现具有以下三个特点。

### （一）学前儿童美感与积极的情绪体验相伴随

在欢乐、愉快的正向情绪中，儿童对美的感知力会增强，但在悲伤、难过的消极情绪中，儿童会对美视而不见，甚至会感到厌烦。比如，儿童最喜欢自己的妈妈，认为妈妈是好看的、美好的。儿童身体健康，有安全感，个体需要得到满足时，情绪常常是良好的、积极愉快的，这时才能对周围事物产生美的感受。

### （二）学前儿童美感较为肤浅表面

儿童喜欢斑斓绚丽的色彩，但是他们不注重色彩的协调。有研究认为3岁儿童最先认识的颜色是红、黑、绿三色，在涂色时也喜欢选用这三种颜色。明快和富于变化的乐曲、动听且百转千回的声调以及故事中描写动态的情节颇受儿童的喜爱。儿童容易感受到表面的、简单的形式美，对美的表现形式的选择与比较，则在学前晚期开始发展。

### （三）学前儿童以动作、表情、活动表达美感

儿童总喜欢用看、摸、听、闻等感官和肢体动作来探索美和表达情感。例如：看到可爱的布娃娃，会去亲亲它；听一首快活的乐曲，会随着乐曲的节奏动起来。也就是说，学前儿童不能静静地欣赏美，而总要伴随一定的动作或活动，这表明儿童的美感表现具有行动性的特点。

## 四、学前儿童美育的目标

学前儿童美育是审美的启蒙教育，包括培养儿童美的感知、欣赏能力与表现美的能力，其中感受美和欣赏美的能力是基础，是优先发展的能力，在此基础上才能发展表现美的能力。在实践中，许多幼儿园与社会教育机构开展特色教育，开设各种特长班如钢琴班、绘画班、舞蹈班等，着重于艺术技能训练，这些技能训练针对的是感知和动作能力培养，目前尚不能确定会对孩子的发展造成多少影响或损害，但是可以说这些训练偏离了以下美育的基本目标。

### （一）培养儿童对美的兴趣和初步地感受美的能力

幼儿园应根据儿童美感发展的特点，引导儿童注意和欣赏日常生活、社会生活和大自然中的美，在各种活动中积极反映对美的感受和体验。

### （二）培养儿童表现美的情趣和创造能力

要让儿童表现美的创造能力逐渐在大胆表现中发展起来。教师需要激发儿童对美的兴趣，并使他们的审美经验得到扩充和丰富，让他们体验自由表达和创造的乐趣。不仅如此，教师还要根据儿童的发展和需求给予指导。

## 五、学前儿童美育的实施要领

### （一）美化生活环境，引导儿童欣赏体验环境的美

环境对学前教育来说至关重要，儿童的生活和受教育活动都要在环境中进行。为儿童创设美的环境，可以对他们进行熏陶和感染，引起儿童对美的情感反应，促进其美感的发展。

环境美包含两点内容：室内的布置和室外环境的布置。美的重要标志之一是整洁干净，色彩和形式也不能忽略。幼儿园的环境应该充满艺术气息和儿童意趣，既要干净整洁，还要种植健康无害、多种多样的绿植，让幼儿园成为能让儿童健康快乐成长的花园和乐园。环境设备和用品应具有干净、整洁、实用、有序、美观的特点。要采用造型新奇的家具和丰富多彩的室内装饰。教师要循循善诱，引导儿童欣赏优美的环境，培养他们热爱美的生活环境的意识。同时也要积极引导儿童参与环境布置，让儿童成为环境的主人。

### （二）引导儿童领略大自然的美

自然界丰富多彩，有千姿百态的山川河流，物种繁多的花草树木、鸟兽鱼虫，变幻多端的气象风景，它们以自然美的形态给人们以美的享受。儿童天生就会亲近大自然，自然中丰富绮丽的色彩、千奇百怪的形态、多种多样的声音和不断变

化的光影对儿童有着极大的吸引力。随着儿童理解力的提高和视野的拓宽，教师应逐步提高儿童领略自然美的深度与广度，从而增强他们对美的感受和审美能力。

对于生活在现代社会中的儿童来说，急剧扩张的城市和快速发展的工业导致了周围自然物和自然景观的逐渐减少，替代它们的是高楼大厦。自然与儿童被这些人造物隔绝开来，儿童与自然的接触变少，也就谈不上欣赏自然的美。为此教师应在条件许可的情况下，配合季节的变化组织开展一些郊游活动，让儿童回归到自然的怀抱，让他们充分领略大自然的美。教师也应有意识地利用幼儿园内的环境资源，在活动室中养殖自然物，和儿童一起观察和欣赏园内的自然风光。

### （三）选择现实生活中美的事物和人物感染儿童

现实生活中，到处充满了美好的事物，要善于引导儿童认识、观赏其中能够被理解的事物。城市中美丽的建筑、宏伟的立交桥、绚丽多彩的夜景等，都是发展儿童认识、培养美感和审美观点的丰富内容。

### （四）适应儿童艺术活动的不同兴趣，给予区别对待

儿童在美感、审美能力和艺术表现能力上有着个体差异，如有的儿童音乐听觉好，节奏感强；有的儿童对绘画的形象和色彩知觉好；有的儿童想象力十分丰富。教师应该对本班每一位儿童的特点都了如指掌，对有艺术天分的儿童，要注意对其发展方向的引导和发展空间的开拓；而对于艺术天分一般的儿童，要多给予鼓励和帮助，以利于他们今后的发展。

教师应该根据本班儿童的个体差异，提供丰富的艺术活动内容，在活动区的创设上也要做到多样化，如表演区、音乐区、图书区、美工区等，使儿童能够自由选择自己感兴趣的艺术活动，在活动中发展审美情趣和表现美的能力。

### （五）引导儿童感受美和表现美

儿童在游戏中不仅可以无拘无束、天马行空地将对现实生活的印象反映出来，还能在游戏的构思、设计和进行的过程中创造美，如儿童在搭积木的过程中，能

够发现左右对称、颜色搭配所产生的美。儿童自己在游戏材料的构造、分类、粘贴和剪切中的设计、表达和创造，都加深了儿童对美的感受，促进了儿童对美的积极探索。

节日娱乐活动的内容和形式是丰富多彩的，如节日活动有游艺会、运动会、联欢会等；娱乐活动有木偶戏、幻灯、电影、艺术表演等。节日娱乐活动给儿童带来欢乐，留下深刻印象。节日娱乐活动大都是综合性艺术活动，还配合有环境的布置和节日装饰，儿童可以多方面感受美并亲手来创造美。

在日常生活中也要引导儿童感受美，如在儿童参加的值日生工作中，让儿童通过亲身劳动，感受整洁的环境美；在儿童照顾植物，给植物浇水、松土的过程中观察植物生长、开花的美等。

# 第三章　学前教育教学活动

目前，在我国的学前教育中有的老师简单地按照传统的方法来组织教学，却说不出自己运用了什么方法、什么形式，更不用说体现了什么教育理念，认为只要把"课"上"漂亮"就行，哪管什么理念；有的教师艺体技能好，自我感觉也不错，但在观念上缺乏儿童是活动的主人的认知，在教学活动中往往以教师自我才艺展示取代师幼互动，很少有孩子充分地动手、动脑、动口的机会。我们应该思考，教师应如何处理好自己"教"的艺术，如何为学前儿童创设良好的学习环境和材料，为儿童提供主动发展的条件和机会，使孩子真正成为活动的主人。所以，学前教育的改革首先应该关注教师教育观念的转变，其次是教师专业素养的提高。

作为一名学前教育工作者，不仅要有献身学前教育、热爱儿童的热情，更应具备扎实的学前教育专业素养。对于承担学前教育教学工作的老师，应深入了解学前儿童教学活动的内涵，弄清学前教育与学校教育的区别。不仅应从理论上掌握学前儿童教育教学活动的原则、方法、特点，更应该在具体教学活动中去灵活体现、实践、反思、提升这些理念，以不断促进我国学前教育事业的发展，促进自身的专业化成长，也让我们的孩子在教学活动中丰富经验，体验成功，快乐成长。

本章为学前教育教学活动，讲述了学前教育教学活动的基本内容、学前教育教学活动的设计、学前教育教学活动组织与指导三个方面的内容。

# 第一节　学前教育教学活动的基本内容

## 一、学前教育教学活动的内涵

关于学前教育教学活动的内涵，可以从广义和狭义的角度来理解。《幼儿园教育指导纲要（试行）》指出："幼儿园的教育活动是有目的、有计划地引导幼儿生动、活泼、主动活动的多种形式的教育过程。"[①]

学前教育的教学活动可以广义地理解为托儿所、幼儿园等学前教育机构的全部教学活动。根据学前教育培养完整儿童的理念，教师有目的、有计划地引导儿童在生活活动、游戏活动和劳动活动等环节中学习从而实现某种目的的活动都可理解为教学活动。狭义的学前教育教学活动是指根据国家的学前教育目标和任务，教师以多种形式结合儿童身心发展规律和社会需求而设计的引导儿童主动学习、主动参加活动的学习活动。学前教育的教学活动是促进学前儿童全面发展的重要教育手段。

首先，学前教育的教学活动与所有教学活动一样，具有目的性、计划性的共性和强调教师的引导作用。只是学前教学活动的引导更强调教师的隐性指导，即间接指导，充分强调学前儿童的主体性。

其次，这里所说的学前教育教学活动具有宽泛的含义。

（1）从教育对象来看比较宽泛，学前儿童是指六七岁以前所有的孩子，我们这里的教学具有广泛的含义，它不仅包括托儿所、幼儿园的教学，也包括近几年兴起的各种早教机构、托幼机构和亲子教育活动；不仅指学前教育机构教师有目的、有计划的教学活动，也包括家长配合指导教师开展的有目的、有计划的教学活动。

（2）从教育内容和形式来看，比较灵活多样。学前教育教学可以是教师以

---

[①] 　中国政府网 . 教育部关于印发《幼儿园教育指导纲要（试行）》的通知 [R/OL]（2001−07−02）[2024−10−18].https://www.gov.cn/gongbao/content/2002/content_61459.htm.

直接教学的方式，以集体教学形式，按教育领域分为健康、社会、语言、科学、艺术五大领域的教学，也可以是以"单元主题"式或者"整合课程"形式开展的教学；还可以间接教学方式分小组或个人开展，即教师精心创设学习情境，提供操作材料让儿童主动学习，从中获得某些学习经验，促进儿童健康发展，如活动区活动中幼儿自发的个人学习活动或小组学习活动。

最后，无论是哪一种形式的学习活动，都强调对学前儿童学习的主动性、积极性、创造性的开发，强调对学前儿童学习过程、探索过程的重视和关注。无论是在亲子教育还是托幼教学中，我们都应让孩子成为活动的主人，家长、指导教师、幼儿教师不能包办代替。强调在教学中学前儿童的体验式学习过程，强调孩子的探究、操作、游戏等实践活动，让孩子在活动中获得认知、经验、情感、技能的发展，促进他们健康成长。

## 二、学前教育教学活动的功能

### （一）学前教育教学活动是对儿童实施全面发展教育的重要途径

学前教育教学活动是对学前儿童实施全面发展教育的重要途径，它是培养完整儿童，为儿童终身学习奠定坚实基础的主要手段，它直接影响着儿童发展的质量和水平。

（1）与日常生活活动、游戏活动相比，学前教育教学活动更具直接性、目的性和计划性，更能按照教师预设的教育目的有效实施，教师能够通过有目的、有计划的学前教育教学活动，如开展健康、社会、语言、科学、艺术五大领域的教学或"单元主题""整合课程"，促进学前儿童在身体和体能、社会性、情感、智力、美的感知与表现等方面实现全面发展。儿童通过教学活动中的主动学习，可以获得相应的知识经验，发展一定的情感、态度和智能。

（2）学前教育教学活动可以从规范儿童行为、培养孩子形成良好习惯入手，教会儿童学会学习、学会生活、学会做人，保持持久的学习兴趣，掌握正确的学习方法，养成良好的学习习惯，从而为学前儿童的终身学习奠定坚实的基础。

学前教育教学活动不强调通过教学让儿童掌握多少知识，但强调教学中必须鼓励儿童学习，重视学习过程中经验的获得，重在对儿童学习兴趣的培养和学习方法的教学。儿童通过自身的建构活动去发现和获得经验，不仅可以激发儿童强烈的求知欲，还可以帮助儿童获得成功感、愉悦感和安全感，建立自信心、自尊心。通过方案教学，科学领域的教学活动还可以培养儿童主动寻找信息的能力、自己解决问题的能力和创造力。通过社会领域的教学活动可以培养儿童的独立性、责任感、友谊感和分享能力等。儿童通过参与有目的、有计划的教学活动，在知识经验、情感态度、技能技巧等方面能够得到全面发展。

由此可见，学前儿童教学活动质量的高低，直接影响着学前儿童发展的质量和水平。

### （二）学前教育教学活动是促进教师专业成长的重要途径

学前教育教学活动，既与儿童的发展有关，也与指导教师的发展密切相关。学前儿童的发展有赖于全面参与高质量的学前教育活动，而高质量的教育教学活动依赖于教师本人的教育观念、素养和教学艺术等。教师通过全身心投入教育教学活动设计和组织，不断反思自己的教学行为，能够不断完善自身的教育观念、教师素养、教育艺术，实现促进专业化成长、提高自身教育素养的目的。

与生活活动、游戏活动等活动的组织相比，学前教育教学活动从教学内容的选择与组织、教学活动方案的设计、教学活动过程的组织观察调控和反思、教学活动评价与反馈等方面，均能直接提升教师的专业素养，使教师积累丰富的教育教学经验，教师通过不断反思和总结，得以提高专业水平。因此，教师自身专业素养的提高离不开学前教育教学活动。

### （三）学前教育教学活动是学前教育改革的重要阵地

学前教育改革是否深入，体现在儿童教学活动的过程中，学前教育教学活动不是随心所欲任意设计的，是根据相关文件精神和学前儿童发展实际，有目的、有计划地设计的，是受各种因素的影响和制约的，它是转化教育目标、内容、活动方式的具体过程，充分体现了设计者的教育理论、教育观念和设计思路。通过教师的教学设计、组织和反思，每一次教学活动无论成功还是失败，都是幼教科学研究的基本依据，学前教育教学活动改革的探索与研究都将促进教育科学的完善和进步。

## 三、学前教育教学活动的种类

### （一）"六一"儿童节活动

两个节日最受儿童的欢迎，一是儿童自己的节日"六一"儿童节，全世界的大人和小孩都来庆祝儿童的节日；另一个就是春节，意味着压岁钱、红包、礼物、新衣服等。

1."六一"儿童节活动的主要形式

"六一"儿童节作为儿童的特殊节日，备受学前儿童的喜欢，引导儿童庆祝自己的节日，通过形式多样的娱乐活动，可以发挥多方面的教育功能。"六一"儿童节活动是学前教育机构学期或学年工作安排的重要内容，应将之作为重要工作来看待与执行。

"六一"儿童节的活动形式可以分为全园性的和以年段、班级为单位的集体活动。全园性的如集体大联欢、游园活动等，以班级为单位的庆祝活动可以是集体活动、小组活动和个别活动，这三种形式可以相互结合。

活动内容的表现可以分为集中教育活动、生活活动和游戏活动。活动的主题往往是丰富多彩的，如绘画类、运动类、智力竞赛类、表演类、朗诵类、歌唱类、制作类等。

2."六一"儿童节活动的功能

"六一"儿童节活动的内容和形式丰富，并且具有娱乐功能、文化功能、教育功能等多种基本功能。

（1）娱乐功能

"六一"儿童节是儿童快乐和幸福的节日，儿童的欢声笑语会充斥在这一天的每一分每一秒。所以娱乐功能是"六一"儿童节首要的、最根本的功能，让儿童在活动中感到开心、快乐和幸福是其最重要的初衷。

（2）教育功能

学前教育机构在庆祝"六一"儿童节时，通常会安排各种丰富多彩的活动，如"智力大转盘"（智力竞赛）、"酷酷小童星"（才艺比赛）、"赶猪"（篮球推球）、"今天我最美"（时装秀）等，这些反映日常教育活动的游戏具有很强的教育功能。"六一"儿童节的教育功能还体现在德育、智育、体育、美育和劳动教育方面，涉及知识、能力和情感等多个领域，它既有显性功能，又有隐性功能。但如果思虑不周，没有以儿童作为主体，从而导致活动的安排有不恰当的地方，就很有可能会产生负面影响。

（3）文化功能

"六一"儿童节作为儿童文化的重要组成部分，已经成为传承和创新文化的一种方式。在我国，不同地区和民族的"六一"儿童节活动各有不同的色彩，并在一定程度上反映了当地的特色和传统。因此，"六一"儿童节具有传承和创新文化的功能。

3."六一"儿童节活动的内容选择

"六一"儿童节应该具有广泛多样的活动内容，要以儿童的快乐为活动的核心，要让儿童在这一天真正感受到开心、欢乐和幸福，而不是悲伤、痛苦，教师在内容的选择上要注意以下几个要点。

（1）注重娱乐性

"六一"儿童节最基本的功能是娱乐功能。所以要选择带有娱乐性质的内容作为活动的主要内容，确保儿童能够在活动中感到快乐、有趣，没有任何心理负担，在轻松愉快的氛围中参加活动，而不是让儿童在其中仅仅"受到教育"，即便是体现教育功能，也应"寓教于乐"。为了避免娱乐功能的缺失，尽量不要选择专业性、技术性和知识性过强的内容。

（2）注重教育性

注重教育性这一点，对教师来说很容易做到，儿童在大部分活动的展示和开展阶段就会受到启发和指导，此时他们会直接或间接地受到教育的影响。但不同活动的教育功能的侧重点肯定会有所差异，如智力问答活动主要强调智育功能、时装秀活动主要强调美育功能等等。

（3）注重安全性

"六一"儿童节活动，相当多的幼儿园是在全园范围开展的，由于家长（有的家庭来了好几个大人）人数众多，儿童的兴奋程度又很高，在设计、安排、开展这些活动时，要注意做好安全预案工作，不选择存在安全隐患的活动。在组织活动特别是全园性的活动时，发生碰撞、挤压、走失的可能性加大，教师和家长等要时刻警惕，以免幼儿发生伤害事故。

（4）注重参与性

"六一"儿童节顾名思义，是儿童的节日，每个儿童都应该参与到这个节日的庆祝活动中，享受欢乐与兴奋。虽然部分有特殊要求的竞技类、表演类活动会受到场所、时间、道具的限制，表演机会不能均等地分给每一位小朋友，但即便有这种情况的存在，也要充分地考虑到每个儿童的感受，尽量平等地给予他们表演机会，在活动的设计之初就要充分考虑到这一点。比如组织多人或全班来参加表演类的节目，或者增加互动性节目，减少个人的表演。节目的安排要合理均衡，形式要丰富多彩，让每个儿童都有可以参与的节目，并能感受到其中的乐趣。

4. "六一"儿童节活动的策划、组织与指导

"六一"儿童节是孩子们最盼望的节日，献给孩子一个快乐而有意义的节日是每个学前教育工作者及父母共同的愿望。

（1）活动策划与准备

教师对于"六一"儿童节活动应做好两手准备。其一，使用影视资料或集中教学等常规手段让儿童对"六一"儿童节有一个初步的认识和了解；其二，采取

庆祝活动的方式让儿童亲身体验和感受"六一"儿童节。本节主要讨论其二。对于集中性的教育活动，教师将活动的设计定位于"六一"，与平常其他活动的设计与组织差不多，为了增强"六一"儿童节的教育效果，可以开展系列活动。

幼儿园庆祝"六一"儿童节的活动从范围来看，一般可以分为全园性的、年段的和班级的庆祝活动。不同范围内的活动需要作不同的计划与准备。如何让儿童度过一个快乐、幸福的"六一"儿童节，是学前教育机构的每一个教职工都应思考的问题。作为管理者，要对"六一"儿童节作全园性的安排，作为教师，要对本班的"六一"儿童节做好策划。

无论是全园性的还是班级性的"六一"儿童节活动，教师在策划上要从儿童出发，不能为了展现教学成果、教育机构的特色而使得儿童只是成为大人达成某项目标的"表演者"和"工具"。因此，为了过好"六一"儿童节，教师可以发挥儿童、家长的智慧，让儿童、家长参与活动的构思，为活动出谋划策，而不是教师独自想破头脑拼凑节目。

"六一"儿童节活动的策划应该是全面的，教师要考虑到活动的目标、主题、时间、地点、器材与材料、人数、活动内容、活动进程、奖品设置、安全预案工作等等。

除了常规的活动，教师还可以组织特殊的活动，如与孤儿院、老人院等机构共度"六一"儿童节，或者与贫困家庭、残疾儿童、台港澳儿童、海外儿童结对子过节。如淄博市直机关第二幼儿园策划举办的"庆'六一'爱心义卖活动"就很有特色，通过义卖将所得捐给山区孩子，让小朋友从小就树立爱心，让爱心广泛扩散。

（2）过程的组织与指导

"六一"儿童节一般可以分为全园性的、年段的和班级的活动，对于全园性的活动，教师首先应熟悉"六一"儿童节活动的整体安排和主要活动，然后根据活动计划，组织本班幼儿参加活动。全园性的活动因为人多，特别是全园幼儿都集中在一起庆祝"六一"儿童节，教师要注意各项活动环节的衔接。对于班级性的活动，教师要依计划进行，并视情况适当调整。对于大型的"六一"儿童节活动，人员分工、程序安排十分重要，事先应做好详细的活动安排。如果人手不够，可以让儿童与家长充当活动人员，这样既体现了儿童与家长的参与，又充分利用了人力资源。当然，如果现场临时有变，可对方案计划加以调整。

（3）注意事项

无论是全园性的还是班级性的"六一"儿童节活动，要想使活动有序、高效、安全开展，活动紧凑而有节奏，教师事先的策划和具体的准备工作必不可少，当然，不是教师一个人在准备，儿童、家长、教育机构其他相关人员共同参与策划、准备和组织实施。

在策划过程中，教师不要把活动安排得过多、过密，活动量不要太大。在具体的活动组织过程当中，教师应根据活动的效果和反应灵活应变，不拘泥于计划。在实施过程当中，要注意安全，特别是全园性的活动。如果活动太多、时间过长，也容易使儿童产生疲劳，教师要善于观察，及时作出调整。

活动要面向全体，注重个别差异，减少安排个人表演性质的活动。儿童节是属于孩子们的节日，每个儿童都有权利在这一天享受到快乐和喜悦。教师应该用爱心和耐心关怀儿童，加深对每位儿童的了解，发掘他们的独特之处，并激发其潜能，平等地将展现自己和获取成功的机会给予每一位儿童。各类丰富多彩的节日活动可以通过让儿童自愿报名或组织集体参加的形式等各种形式进行。可以鼓励舞蹈基本功好、动作协调性强的孩子参加舞蹈类节目；给予热爱体育运动、喜欢武术的儿童参加武术表演的机会；引导喜欢画画的孩子参加绘画活动；鼓励平时比较胆小、性格腼腆的孩子大胆勇敢地表演一些自己会的诗朗诵、舞蹈、儿歌、小游戏等。教师要注意观察每个孩子的性格特点和长处，予以机会让他们能够尽情地展示自己并得到他人的赞许、鼓励和认可，从小教会他们如何树立自信心和自尊心，引起他们对活动的兴趣并积极地参与活动，让他们沉浸在节日欢乐愉悦的氛围中。

与此同时，为了增加活动的趣味性，可以给参与表演或获胜的孩子适当准备一些小礼品或奖品。此外，每个孩子都应该得到一份小礼物来庆祝儿童节，可以是教师单独制作或教师与孩子共同制作的，也可以是购买的花费较小、寓意较大的小礼物。

5.谨防"六一"儿童节活动功能的异化

当前，一些幼儿园或其他机构让"六一"儿童节活动的意义出现偏差，异化了儿童节的活动功能。

常见的问题包括只让部分有特长的孩子参加活动，其他孩子仅做观众；活动安排由成人一手操办，忽视孩子的主体地位，使他们失去权力和自主性；专门找时间排练，甚至为了排练放弃正常的教学活动；等等。这些不当的做法与儿童节活动的宗旨相悖，使"六一"儿童节失去了原本的意义。

这些问题导致儿童对排练失去兴趣，极易感到疲惫，快乐和童趣也不复存在，甚至会让部分儿童产生不想过儿童节的想法；只给少数有特长的儿童上台表演的机会，会使得大部分儿童在儿童节中没有主人翁的感觉，也会使得教育机会发生倾斜；提前排练和过度排练会大量占据参加排练的孩子的正常受教育的时间，致使教育机会再次出现不均等的现象。而对于因技能或其他方面的欠缺而无法参加表演的儿童来说，他们会在心理上产生落差，导致其心态出现负面的变化。如果教师还反复强调能够参加"六一"儿童节的表演活动是一件非常光荣的事情，就更容易使未参加表演的儿童产生沮丧感和失落感。

### （二）春秋游活动

春秋游是幼儿园比较大型的外出活动，有全园性的春秋游，也有以年段、班级为单位自行组织的春秋游活动。

春秋游是幼儿园传统的外出活动，也是幼儿很喜欢的一类活动。春秋游活动的策划工作做得好，在很大程度上保证了活动的成效。为了让春秋游活动开展得有声有色，教师应重视活动的策划与准备工作。教师在设计和组织春秋游活动时，应重点考虑到以下几个方面。

1. 活动的主题、目的

根据春秋游活动的主题和目的，可将之分为休闲放松娱乐、增进情感联系为主要目的的游玩活动，以丰富知识、扩大视野为目的的参观活动，或者是专门作为幼儿园教育活动的延伸与扩展活动的外出活动。

2. 确定活动的地点

春秋游活动的地点，可以选择以自然资源为主的地点，如儿童乐园、公园、植物园、动物园、溪流、蔬菜基地等，也可以选择以社会资源为主的地方，如老人活动中心、体育馆（场）、科技馆、革命烈士纪念馆（堂）等，这些都是外出活动很好的目的地，附近的农田、河流、公园、植物园可以成为幼儿探究自然科学的大课堂，老人活动中心、纪念馆等是幼儿接触社会、进行社会性教育的重要场所；工厂、公园、居民小区也可以成为幼儿开展环保教育的现场。

3. 活动内容的策划

不同主题的外出活动，其活动内容与形式有所不同。对于以联欢为主的春秋游，应事先安排活动的项目和参加表演的人选，为不增加儿童的负担，活动项目应以幼儿园学过的、开展过的内容为主，将儿童平常学过或表演过的歌、舞、游戏等加以重新组合即可。

4. 出发前的准备工作

春秋游活动出发前要做好一系列的准备工作，主要有：（1）生活用品的准备，如食品、水、垃圾袋、望远镜、照相机等。（2）活动表演必需的物品器材准备，如演出用的服装、奖品、录音机等。（3）医疗用品，如体温计、创可贴、酒精、包扎带等。（4）车辆安排、人员分工及职责落实。（5）与活动目的地的联系、安全勘查工作。有些活动在出发前需要与活动目标地所在单位进行联系，如参观农庄、社会实践基地等，与对方就参观时间、行走线路、讲解陪同人员、安全事项等进行落实。（6）做好活动的安全工作。（7）出发前注意活动当天天气情况的预报，以免因忽略天气情况而影响活动的进行。

5.充分利用自然条件

春秋游活动，特别是野外郊游、登山、踏青等，为儿童提供了大量利用自然条件锻炼的内容，可以鼓励儿童到大自然中去尝试新奇的、富有挑战性和野趣的体育活动，如泼水、玩沙、滑冰、远足、简易定向运动等。

以体育活动为主的春秋游活动，可以充分发挥活动的野趣性，教师在组织、开展活动时，要有层次地选择和利用户外场地，如山坡有低矮的山坡、高的山坡、长草的山坡和有树的山坡，这些山坡可进行难度不同的攀爬、翻滚、慢跑下坡、快速下坡、躲闪活动等；而树林则有低矮的灌木丛、茂密的树林、高大的树、可攀爬的树，可以开展追逐、投掷、踢球、放风筝、捉迷藏、老鹰抓小鸡等。亲子郊游活动是户外活动的重要形式，它既可以加强家庭联系，又能使儿童体验外出活动的快乐，提高幼儿适应环境的能力。如，"我和老鹰做游戏"活动中，家长在草坪上扮演"老鹰"，当"老鹰"俯冲下来时，儿童赶紧卧倒不动，当"老鹰"飞走时，幼儿用纸球瞄准目标"老鹰"出击，亲情在此刻得到升华，外出活动的内涵得到拓展。

## （三）参观与外出实践活动

参观与外出实践活动在幼儿园活动中虽然开展得不是很多，但其意义却很大，如去小学、工厂、农庄、博物馆、革命烈士纪念碑（堂）都可以作为参观类活动，美化小区清洁活动、植树节种树种花、去社会实践活动基地的体验都是社会实践活动。

参观与外出实践活动就其组织与领导的环节来看，与春秋游活动的组织与领导大致相同，但由于参观与外出实践活动的目的比较特别，所以，在开展参观与外出实践活动时，除了外出活动要注意的常见环节外，还应该特别注意以下几点。

1.确定活动的目的

参观与外出实践活动主要目的是拓展儿童视野，因此，这类活动的教育功能非常明显，如果准备得不充分，将大大影响参观与外出实践活动的效果。正因为与幼儿园教育活动紧密相连，教师在确定开展何种类型的参观与外出实践活动以及确定参观与外出实践活动的目的时，要多方面考虑其教育效果。

### 2. 活动前的联系工作

参观与外出实践活动的准备要细致，活动进行前一定要与活动目标地所在单位进行联系，如参观农庄、社会实践基地等，与对方就参观时间、行走线路、讲解陪同人员、安全事项等进行落实。

### 3. 活动过程中的指导

教师在指导儿童参观与外出社会实践活动时，要有全局的观念。一是要在整个参观与外出社会实践过程中把握主要内容，不局限于个别细节部分；二是要注意照顾到全体孩子，不过多关注个别儿童。此外，教师或其他人员不要讲解过多，要引导儿童自己发现，注意与幼儿已有的知识经验相联系。

### 4. 活动后的延伸活动

一般来说，参观与外出实践活动的延伸活动必不可少，一方面教师可以通过延伸活动了解参观与外出实践活动的效果，另一方面通过延伸活动可以巩固和强化参观与外出实践活动的成果。因此，教师在参观与外出实践活动结束后，可以设计一些适宜的延伸活动。

### 5. 活动评析

参观与外出实践活动往往与幼儿园的教育活动相联系，因此，在开展此类活动时，教师一般把参观与外出实践活动评析作为其中的一个环节，这样能够明显增强参观与外出实践活动的效果，便于大家对参观与外出实践活动的前期相关活动与后续活动有一个整体了解。

通过参观活动，学生的视野能够得到极大的开拓，他们能够了解新知识和新技术，对现实世界有更清晰的认识，与此同时，也能拓宽自己的人脉圈，结交来自其他学校的朋友，并与他们相互分享学习经验和见解，这都是活动的额外收获。通过参观活动，学生能够将所学所感所思化为学习的动力，不断追求自己的梦想与目标。

### （四）亲子活动

亲子活动作为学前教育中重要的教育活动，近年来日益受到人们的重视。越来越多的家长有了科学、先进、富有时代感的教育观念，科学的早期教育观念与知识得到更大范围的普及，家庭与教育机构共育精神有了更丰富的内涵，其中，亲子活动就很能体现家园共育的精神。

**1.幼儿园亲子活动的功能**

学前期虽然在个人成长的过程中处于初始阶段，但这个阶段的重要性却不可忽视，就学前教育来说，亲子活动占据了很重要的地位，科学、合理的亲子活动，让老师、家长、孩子互相启发，共同学习。对幼儿来说，亲子活动是一种重要的儿童活动形式，在儿童的成长发展过程中占有重要的地位，它有着独特的功能：

（1）亲子活动开展的初衷是让家长与儿童增进感情、获得快乐，它可以促进儿童智力、身体、心理健康地成长，让儿童在欢乐的氛围中全面发展。而幼儿园亲子活动恰恰是儿童游戏的一种重要形式，也是家长与儿童交往的一种重要途径。

（2）亲子活动能够让儿童对交往关系有一个初步的认知和体验，为幼儿和家长进行交流搭建平台，促进儿童社会性关系的发展。

（3）亲子活动能使亲子关系更为紧密，加深儿童对父母、父母对儿童的感情，推进良好的亲子关系的建立，对儿童个性的完善和发展大有益处。

幼儿园的亲子活动能使教师和家长双方的教育资源都得到充分利用，是家园共育的重要途径和组织形式：教师和家长互相以专业性的知识和具体的育儿经验影响着对方，二者积极的互动与合作凝成了一股强大的教育力量，为孩子的健康成长创造了最适宜的教育环境，促使儿童更加积极主动地参与各种活动，快乐地成长和发展。

2. 亲子活动的种类和内容选择

（1）亲子活动的种类

从亲子活动的组织形式来看，可分为三种形式：个别活动、小组活动、集体活动。这三种形式的运用可以相互组合、相互穿插。但值得一提的是，要注意参加活动对象的年龄，不同的年龄要分成不同的组，并且要有针对性地进行指导。

从亲子活动的内容或领域来看，可以分为运动类、语言类、操作认知类、社会性类、艺术性类等类型的亲子活动，以及多领域的亲子综合活动。

从亲子活动的表现形式来看，可以分为游戏类（亲子游戏等）、亲近自然类（亲子郊游等）、歌舞表演类（如亲子同台演出）等。

（2）亲子活动的内容选择

亲子活动的内容比较广泛，幼儿园可以根据本园、本班孩子以及家长的情况来开展。比较适合幼儿园开展的亲子活动有亲子制作、亲子运动会、亲子表演、亲子郊游、亲子游戏等。教师在设计、组织和开展亲子活动时，可以请本班的孩子及家长共同参与策划，这样能够使活动开展更有成效，能充分发挥家长、儿童的智慧和特长。

3. 亲子活动的组织与指导

幼儿园日常开展的各类教育活动，教师指导的对象是儿童。在亲子活动当中，教师的指导对象除了儿童以外，还包括家长、其他看护者等成年人，因此在指导他们时，要注意活动形式、活动时间、指导方式等与幼儿园其他活动有所不同。教师在组织与指导亲子活动时要注意以下几个基本环节。

（1）活动开始

活动开始这个环节是整个活动中最重要的部分，教师要对家长或其他看护人简明扼要地说明此次活动主要的目的、内容和完成的条件，并对他们有所要求。一些亲子活动开展得不顺利，是因为其中有些家长不明白或没有深刻理解活动的目的和要求，教师要特别注意这方面的问题。接下来的活动是引导家长与孩子对亲子活动产生兴趣，由于亲子活动现场往往有较多的家长，家长在旁边陪同儿童，儿童显得比较兴奋，教师必须迅速将幼儿的注意力集中到教师身上。教师可以在活动开始前使用预先备好的玩具、材料等拉回孩子和家长的注意力，之后为了让大家能够快速地进入游戏状态，可以进行点名小游戏、发放游戏道具、播放轻快有趣的音乐等预热活动，让幼儿对活动产生兴趣，将注意力集中在即将开展的亲子活动上。

（2）活动进行

在亲子活动的进行过程中，家长的不熟悉、儿童的兴奋容易导致活动的开展出现问题。在活动开展前教师有必要安排好组织形式，可以是个人的，也可以是分小组的或面向集体的，同时将活动的要求清晰简洁地告知家长。在活动开展过程中，教师仍可能需要再次提醒。教师在指导亲子活动时重点是让孩子的活动过程清楚地展现在家长的眼前，让每一位家长都能观察到自家孩子身体、情绪和心理的变化，不要让家长代替孩子完成活动，以免参与者产生急躁、不安等负面情绪。初次参加亲子活动的家长，不但自己要有信心，还要积极鼓励孩子完成任务。教师要引导和提醒家长尊重孩子的差异，使家长通过参加亲子活动以及教师的指导改进自己指导孩子学习的过程和方法。

（3）活动结束

亲子活动结束后，教师要对活动进行评价与小结，活动的评价与小结应力求简洁，抓住重点，对儿童和家长的表现予以赞赏，教师不仅要评价亲子活动的情况，同时也要对家长提出回家后的要求，对一些还需要在家里继续进行的亲子活动进行必要的检查，教师可以鼓励家长自己在家里创造更新更好的活动形式和方法，使亲子活动的指导延伸到家庭，使亲子活动的目标更好地实现，使广大家长的教育能力不断提高。

为了使亲子活动开展得更为有效，也为了使家长通过参与亲子活动提升其教育水平，使亲子活动的功能得到最大程度的发挥，教师在组织与指导亲子活动时要注意以下几点。

一是鼓励家长提出问题，开展有针对性的指导。

二是引起家长对孩子成长变化的关注和重视，可以在合适的条件下让家长进行交流和分享，增强他们对孩子的信心，更加充分地认识、理解和规划孩子各方面的发展。

三是活动内容不宜过多，要注意动静结合。通常来说，活动的安排不应过密过多，要松弛有度，运动量大和运动量小的活动要穿插着进行。

四是在分散类的活动中进行个别指导，和家长的交流要一对一、面对面地进行。

五是重视养成教育的指导。托班、小班的亲子活动要注意让儿童有适当的放松和休息，可以设置一些生活活动的环节，如喝水、吃东西、上厕所等。教师也可以借这个空当和机会指导家长如何引导孩子掌握基本的生活能力。在每次活动的开始和结束时，对活动玩具、材料的放置和收集整理，教师都要要求家长和孩子一起进行，让家长清楚地知道这也是养成教育的重要过程。

4.设计、开展亲子活动的注意事项

亲子活动的设计是否科学、组织是否周详在很大程度上决定了亲子活动的效果，因此，教师在设计、组织亲子活动时应注意以下几个方面的事项，使亲子活动有序、高效地进行。

（1）提供适宜的活动环境

亲子活动不能在毫无准备的前提下进行，教师需要提前做好计划，选好合适的活动场地，备好所需材料和玩具，并按照场地能容纳的人数来决定参加活动的人数，如果人数很多，可以采取分组、分区活动，大型亲子活动还可以采取类似体育竞赛采用的预赛、复赛、决赛等方式；根据活动的需要提供必要的设施，如活动中要进行爬行、钻洞、平衡项目活动，就必须有相应的设施或设备、材料；活动中用到的玩具及材料要符合孩子的年龄特点；同时要做好后勤保障，如提供饮用水、医疗服务等，保证活动的顺利进行。

（2）亲子活动的指导要多样化

组织亲子活动要充分考虑到家长和社区的需求。亲子活动的方式应按照家长的需要和幼儿的兴趣特点。可以开展"玩具图书馆""亲子俱乐部""亲子运动会""亲子野外郊游""亲子才艺大赛"等更加丰富多彩、趣味丛生的活动，以多元化的教育活动和指导来加强家长与幼儿园之间的联系，使亲子活动更富有成效和价值。

（3）充分利用各种资源

这里的资源可以理解为两个方面的资源，一是人力资源，二是物质资源。人力资源主要是指家长，在亲子活动中，家长是重要的人力资源。教师应充分发挥家长专业性强、社会经验丰富等优势，使亲子活动具有创意和活力。物质资源方面，可以利用生活中各种自然物、废旧材料，也可以亲手为亲子活动制作用品。教师应在设计活动时充分考虑利用废旧材料和自然物，如各种包装盒、袋子、果壳、树枝、花朵、叶片、石子等，巧妙地运用它们，不仅能省下很多资金，还能增强儿童的感知力和独立探索学习的能力。

（4）教师要处理好自己与家长的关系

教师应主动邀请家长来参加亲子活动，教师和家长是合作的关系，有着同样的身份——教育者。教师不能对家长提出命令式的要求，也不能高高在上地随意支配、指挥家长，更要时刻谨记自己在教育活动中的角色。为了将亲子活动开展得更有成效，幼儿园可以将亲子活动与定期的家庭讲座和咨询活动相结合，使家长对幼儿园的教育、对自己孩子的发展了解得更系统、更深入，家长在参与亲子活动时更有把握和针对性，从而提高亲子活动的质量。

**（五）领域活动**

我国幼儿园现行的课程中，领域活动课程被广泛地采用，主题活动课程也备受青睐。近20年来我国幼儿园课程的改革主要是沿着领域和综合两条基本的线索发展的。领域活动课程和主题活动课程，都是对传统学科课程进行反思和改革的结果，它们各自有自己的特点和功能，各有优势和不足，可以相互补充。为了追求更适宜的教育、更有效地促进儿童发展，幼儿园教师不断探索互补运用领域活动和主题活动，用其所长，所以就出现在同一个幼儿园、幼儿班，既实施领域课程，又开展主题活动的情况。随着改革的深入，领域活动课程和主题活动课程也在一定程度上出现了融合的趋势。

1. 领域活动的内涵

（1）什么是领域活动

领域活动是按儿童学习领域划分学前教育内容的一种课程类型，它是把学科体系改造为儿童的经验体系，使之既贴近儿童生活实际，又不失系统性。幼儿园教育的各个领域形成了一个经验系列，包含了各个年龄阶段儿童的学习特点和发展特点。

学前教育为什么仍强调领域活动？其一，领域活动将抽象的学科知识体系进行改造，按不同知识的性质来划分学科，已历经一百多年，趋于成熟并被学校教育认可，一直影响着今天的学校教育。虽说学前教育不同于学校教育，但基本是在这样的主干中进行更宽泛的整合，具有综合性和渗透性。其二，以领域建构学前教育的课程，有利于教师承接自己的学校学习经验，更好地选择适合儿童发展的内容，服务于儿童的身心发展需要。其三，各领域知识的性质不同，儿童的经验体系不同，其学习方式、规律和教育规律都自然不同，因而不同领域教育内容的教学方法也不尽相同，所以在教育过程中重视领域活动组织的特殊性尤为必要。其四，领域活动课程摒弃了学科课程只重知识传授、轻视儿童生活的弊端，让学习领域成为学前教育的重点，替代传统的学科划分，向儿童的实际生活靠拢，又不失系统性，有利于儿童前后学习经验间的联系。

（2）领域的划分

幼儿园的教育内容具有全面性和启蒙性特点，可划分为五个领域：健康、语言、社会、科学、艺术。学前儿童健康教育以增强儿童体质、培养儿童健康生活的态度和行为习惯为主要目的；学前儿童语言教育以提高儿童语言交往的积极性、发展语言能力为主要目的；学前儿童社会教育以促进儿童性格全面、健康发展，帮助儿童树立自尊心和自信心，培养儿童关心他人、与他人友好相处的行为为主要目的；学前儿童科学教育以激发儿童的好奇心和探究欲望，发展儿童的认识能力为主要目的；学前儿童艺术教育以丰富儿童的情感，培养儿童初步的感受美、表现美的情趣和能力为目的。五大领域教育的侧重点各不相同，从各个方面以不同的角度和教育体系推动着儿童情感、态度、能力、知识和技能的全面发展。

2. 领域活动的特点

（1）各领域活动中的知识经验有较强的系统性

领域活动中的知识是主要以基础与核心为表象或初级概念而建立起来的"前学科"体系。各领域活动中的知识形成了不同的系列，充分地反映着不同年龄层儿童的学习特点和发展特点。在学前教育领域，领域活动提供了与儿童生活密切相关的有用的知识和经验，且按照领域进行了相应的划分，《幼儿园教育指导纲要（试行）》系统地归纳和阐述了各领域知识需完成的目标和要求、要传授的内容以及评价的标准。

（2）领域活动有较强的渗透性

领域活动有较强的渗透性，包括领域内内容的渗透和领域间内容的渗透。学前教育的领域活动经改造后，不再对知识进行严格、细致的划分，而是以学科为核心，将所有有关联的知识囊括进一个较大的"领域"内。与中小学教育的学科相比，学前教育的每个领域都比学科宽广得多。在一个领域中，教育内容又可以作相对划分，但这些内容之间并不是相互独立的，而是相互渗透的。近几年领域活动课程的研究和实践，在领域内和领域间的相互渗透都取得较大的进展，这种渗透既存在于整体课程设计的层面上，也存在于活动的层面上。领域渗透体现为：在某一个领域教育活动中达到多个领域的目标；通过其他领域的教育活动达到本领域的教育目标；本领域内教育内容存在有机联系且彼此渗透。领域渗透在领域活动课程的发展中处于高级阶段，它不仅能保证领域的整体性，还可以更好地关注儿童整体性的发展。

（3）领域活动强调与儿童生活的联系

在学前教育的领域活动中，儿童学习的主要是与生活联系紧密的、基础与核心是表象或初级概念的经验层次的知识。直观形象的事物和儿童自身的直接经验是儿童领域活动必不可少的基础，但领域活动中的知识又并非儿童生活经验的简单堆积。领域活动在密切联系儿童的生活基础上，以"归纳"为基本方法，通过大量的实例，在儿童获得直接经验的基础上，帮助他们整理和提升经验，以形成一些简单的、粗浅的、系统化的知识经验。领域活动更要重视知识经验之间的整合，以贴近儿童的生活实际。

（4）领域活动强调推进儿童素质的提高，着眼于儿童的终身可持续发展

《幼儿园教育指导纲要（试行）》（以下简称《纲要》）中各领域的组织、内容、目标、要求、评价等都把培养幼儿终身学习的基础和动力放在了核心位置，强调活动要为"幼儿一生的发展打好基础""既符合幼儿的现实需要，又有利于其长远发展。"《纲要》指出要重点促进幼儿情感和态度的发展。目标形容中大量地使用了"乐意""感受""体验""喜欢"等词语，对五大领域的详细阐述中也多次出现了"尊重意愿、满足需要、培养兴趣"等字眼，更加突出了幼儿情感和态度培养的重要性。总而言之，《纲要》明确了各领域的要求、内容、目标、组织和评价，体现了先进的教育理念和思想，立足于儿童自身持续发展所需的最基本也是最重要的素质，如有效地与环境互动的能力、初步的合作意识、强烈的学习兴趣、积极主动的态度等等，强调促进儿童基本素质的培养，使儿童获得愉快的、真实的、全面的、可持续的发展，而不是情感缺失的、表面的、片面的、暂时的知识技能。

### 3. 领域活动的主要功能

（1）领域活动有利于促进儿童体、智、德、美全面发展

较为成熟的儿童学习与发展范畴的分类方式是按健康、语言、社会、科学和艺术五大学习领域进行划分，这是广大教师所熟悉和认可的，实施起来相对容易。学前教育机构全面组织实施领域教育，有利于保证儿童体、智、德、美全面发展

的教育得以贯彻落实。

（2）领域活动便于教师根据各领域不同的知识性质引导儿童学习

由于各领域知识的性质有较大的差异，儿童学习这些知识内容时的方式方法也有所不同，这就决定了教师教的方法要与知识内容相适应。领域活动有利于指导教师以知识内容的性质为基础与核心选择适合的教育教学方法来进行教育教学活动的组织，也便于教师理解和把握儿童的学习，增强学习效果。

例如，社会领域中的知识，很多是约定俗成的社会性知识，像社会文化、社会规则等属于陈述型的知识，教师可以通过结合具体的事例用语言来传授，并潜移默化地影响儿童。而科学领域的知识很多属于程序性的知识，靠教师直接教儿童是学不会的，这就需要教师创设相适应的环境，提供必要的学习材料和支持手段，引导儿童动手、动脑、直接体验才能习得和建构知识经验。因此，领域活动便于教师根据各领域内容的性质特点来设计教学，以提高教育教学的效果。

（3）领域活动有利于促进儿童知识经验的整理和系统化

据研究表明，个别的、零散的、偶然的知识并不能引起儿童智力的重大发展，只有通过一定方式和结构原则组织起来的完整的知识体系才能扩大儿童的认识活动范围，让儿童的认知方式从根本上发生改变，使他们能够深入理解和掌握知识，并将之熟练地运用到生活和学习活动中。一些研究还表明，学前儿童还不具备抽象的思维逻辑，掌握系统化知识对他们来说是非常有必要的。知识体系有不同的深度和概括程度，它可以是基础和核心为表象或初级概念而组织起来的经验层次的"前学科"体系，也可以是以核心为科学概念而组织起来的理论层次的学科体系，学前儿童能掌握的，并对其心理发展有促进作用的知识体系正是前一种。领域活动以各领域本身的相对系统性为教师指导儿童学习的抓手，使教师在儿童自身与外部世界、与物体、与同伴和成人相互作用获得直接经验的基础上，引导和帮助儿童整理已有的生活经验和认知经验，使之系统化构建起自己的经验层次的认知体系，并促使儿童将自己的认知体系转移到更高的层次、更广的范围中去提升自己的认知水平，解决新的问题。

4. 领域活动大纲的编制

幼儿园的领域活动大纲主要对该学习领域的内容范围、教育目标、教育原则与方法、指导要点、特别注意事项进行阐述，还特别说明该领域对儿童发展的意义与价值。大纲的编制工作非常重要，一般由业内专家、相关的研究机构、可独立研究学前教育课程的机构或幼儿园完成。

大纲的主要目的是帮助教师根据幼儿在该领域的学习和发展特点，更加科学地设计和组织活动。《纲要》不仅对健康、语言、社会、科学和艺术五大领域对儿童身心发展的价值和意义进行了明确、清晰的阐述，还就如何使儿童茁壮成长指明了关键点，规定了各领域的目标、内容和要求。这些大纲是幼儿园教师设计课程时的依据，是当前最先进的教育理念和教育思想的完整体现。

5. 领域活动的设计

（1）初步确定适合本班儿童实际的领域教育目标

①学习领会新纲要的精神。《纲要》制定的各大领域的培养目标是领域活动的出发点和归宿，教师在设计领域活动时，要体现《纲要》中各大领域的培养目标，并围绕该培养目标制订每种领域活动的目标，在领域活动中，教师和幼儿活动的指向、活动的内容、活动的方式方法、活动结果的评价，都受到该目标的制约。因此，教师要认真钻研《纲要》全文的理念和精神，对幼儿园教育有整体认识和宏观把握，领会各领域目标所重点追求的价值。

②本班儿童发展情况的分析。领域教育目标的确立除了要以《纲要》的指导为前提，还应对本班儿童的发展情况进行分析，结合本班儿童的发展水平、兴趣、经验和需要来确定。

一方面，"以人为本"的教育思想是《纲要》的突出特征。在《纲要》中明确提出了"满足幼儿多方面的发展需要，使他们在快乐的童年生活中获得有益于身心发展的经验""尊重幼儿的人格和权利，尊重幼儿身心发展的规律和学习特点……促进每个幼儿富有个性的发展"[1] 等等，这就要求教师在制定领域教育目标时也要"以人为本"，也就是要"以本班儿童发展为本"，要对本班儿童的发展情况进行分析，尊重本班儿童的发展水平、兴趣、经验和需要。

另一方面，儿童的学习具有主观能动性，他们并不是消极被动地接受外界刺激作用的。每个儿童都是独立的生命实体，有自己的兴趣和需要，有自己的认知结构和心理状态，他们总是主动地对外界刺激加以选择，接受自己所需要的东西，拒绝不需要的东西。这就要求教师在确定领域教育目标时，要考虑到儿童的主观能动性，要结合他们的兴趣和需要来确定教育目标。

③教师对自身、当地、本园、家庭、社区可利用教育资源的综合分析。教育资源是教育过程中不可缺少的一个要素，它影响着教育活动和教育效果，因此，教师在确定本班儿童领域活动目标时，必须对可利用的教育资源进行综合分析，尽可能充分地利用周围的教育资源。

教师要善于发现和利用教育资源。自然环境和社会环境中存在着丰富的教育资源，都在对儿童发挥着强大的影响作用，其广泛性、灵活性、多样性、即时性是我们不可忽视的。因此，教师应当有意识地去开发和利用这些资源，如与家庭、社区合作，充分利用当地的环境资源，利用大众媒体，使我们的教育更丰富、更有效。

④初步确定适合本班儿童实际的领域教育目标。在学习领会了《纲要》的精神，并对本班儿童发展情况和可利用的教育资源进行了综合分析后，就可以此为依据初步确定适合本班儿童实际的领域教育目标了。

教师在确定领域教育目标时要避免犯以下几种错误：重知识、技能，轻情感、能力；重传授讲解、训练，轻感知、体验；重已有知识，轻生成性经验；重学科体系，轻领域整合；重教师主导，轻儿童主体。

为避免这些错误，在确立目标时要注意教育目标的"一般发展"性，即要使

---

① 中国政府网．教育部关于印发《幼儿园教育指导纲要（试行）》的通知 [R/OL]（2001−07−02）[2024−10−18].https://www.gov.cn/gongbao/content/2002/content_61459.htm.

学前教育的领域活动能够符合并服务于儿童的一般发展，直白地说就是不仅要让儿童掌握学科知识和技能，还要提高儿童的基本素质，以防幼儿园的教育出现小学化或成人化倾向。例如，《纲要》明确提出了幼儿园艺术教育的主要目标是要让儿童能够发现、感受和喜爱生活、环境和艺术中的美；对艺术活动抱有强烈的参与兴趣，并能勇敢地表达自己的体验感和观点；能够按自己的想法和方式来展现艺术。幼儿园艺术教育并不要求儿童对美从逻辑上进行过多的理解和分析，更不是以训练技能技巧为主。此外，还应考虑到领域目标的整合性和教师与儿童的"双主体性"，使儿童获得愉快的、真实的、全面的、可持续的发展，而不是情感缺失的、表面的、片面的、暂时的发展。

此外，在目标的难易程度上，不宜太难，也不宜太简单，应尽可能使之保持在维果茨基所谓的"最近发展区"内，这样可充分调动儿童的学习潜能，达到理想的学习效果。

（2）密切联系儿童生活实际和已有经验初步拟出活动课题

教师在整理好领域活动内容的类别后，就要密切联系儿童的生活实际和已有经验初步拟出与之对应的活动课题，因为儿童是在生活中学习、在生活中发展的，所以拟定的活动课题必须密切联系儿童的生活实际和已有经验，在此过程中，要注意使教育目标和内容"需求化"，幼儿是自身学习的主体，幼儿的学习是一个主动建构知识体系的过程。因此，教师在领域活动的设计过程中，应尽可能将教育目标和内容转化为孩子内在的需求，让幼儿感觉到"我要学"而不是"要我学"。

有两条途径可以实现教育目标和内容与儿童需求的结合。其一，是探索儿童兴趣与需要中的有价值的教育内容；其二，是将教育目标与内容转化为幼儿的需求。

教学内容的选择和课题的拟定要根据本班的领域目标，密切联系儿童生活实际和已有经验。教师在开学之前就要把一个学期的内容或课题初步选好拟出，并编排好序列。

（3）初步编排课题序列

不可能一次完成所有的课题，需要对课题序列进行科学的编排，确定先开展什么、后开展什么，这样才有助于儿童逐步建构经验，并使经验系统化。在编排课题序列时应注意以下两点：

①需充分考虑领域内各课题间和各领域间的联系和渗透，并根据人的认识的基本规律由近及远、由易到难地进行初步编排。

②各种类型的领域活动应更符合儿童的年龄特点，贴近儿童的实际生活，注意各领域学习内容以及类别项目的均衡，以确保促进儿童的全面发展。

学期课题序列编排首先应按领域内在的系统进行初步编排，而后再根据儿童发展和班级的实际情况考虑领域间的联系、渗透和整合，形成各阶段的预设性计划。

6. 领域活动的组织与指导

（1）活动计划的弹性化和活动过程的灵活性

当前的课程改革越来越强调课程是经过预设的且具有过程性的复杂的综合活动，是学生、教师和一定的教育情境相互作用的结果。幼儿园的课程虽然应该预先设定，但并不是不可变更的。教师需要提前设计好一个星期的课程表，中间可以根据儿童的需要、外部环境的突然变化、社会中突发状况的发生来调整课程内容，从头做准备工作，暂行原本已安排好的总体计划，如果突发情况或事件与原定计划相关，那么可以将突发情况或事件融入原定计划中。因此，我们的活动计划不是固定不变的，而是有弹性的、灵活的。在活动过程中，教师要根据儿童活动的具体情况和需求及时进行调整，要关注生成课程，将预设课程与生成课程相结合，最大限度地促进儿童的发展。

在具体的活动过程中，教师应站在儿童的立场上思考问题，要具有灵活性。例如，在一次美术活动中，教师引导儿童认识红色，让孩子在五颜六色的花中选一朵红色的花送给小熊。可是一个小朋友上来后却选了一朵黄色的小花，并说："我就是不喜欢红色！"听了他的话，老师并没有提出反对意见，而是根据他的话判断他已经认识了红色，于是就另外拿了一只小狗，并说："小狗喜欢黄色的花，你把小黄花送给小狗，好吗？"从案例中可以看出这位老师灵活地处理了活动过程中的突发情况，而且做到了尊重儿童。教师不仅要尊重儿童的思想感情、兴趣、爱好、要求和愿望，还要认识、尊重和接纳儿童在发展水平、能力、经验、学习方式等方面的个体差异，根据儿童活动的具体情况和需求调整计划。

（2）充分发挥领域活动的教育功能增强活动效果

由于各领域活动内容的性质和特点不同，各领域的教育功能也不同。例如，从培养儿童的能力来看，每个领域都可提炼出关键经验和关键能力，健康——保健、自我保护、体能；语言——倾听与表达能力；社会——交往；科学——感知、探索、思维、方法；艺术——感知、表现、想象、创造。这就使每个领域中的教学方法和活动方式也有所不同，如能充分发挥各领域的教育功能，选择适宜的教学方法和活动方式，就能使领域活动的效果得以增强。

此外，要在儿童充分获取直接经验的基础上，帮助儿童整理已有经验，使经验系统化。教师要充分发挥指导作用，使儿童所学到的知识和经验得到进一步系统化。如，儿童在日常生活中认识了苹果、梨、西瓜、桃子、橘子、小猫、小狗、狮子、老虎、鸽子、白兔，但这些知识和经验都是零乱的、不成体系的，教师就应通过教育活动引导儿童整理日常经验，使之系统化，以表象初级概念为基础组织其经验层次的"前科学"体系，知道哪些属于水果，哪些属于动物。

（3）注重内容的联系、渗透与整合

在教学中使各个领域的内容相互联系、相互渗透、相互整合能从知识、情感、技能、能力和态度等多种角度促进儿童的发展，全面整体教育的实现离不开领域活动课程实施中各个领域的深度渗透。

首先要重视前后内容纵向的联系，强化儿童已有经验与现有学习内容之间的联系；其次是整合不同的相关内容之间的联系，也就是内容的横向联系。横向联系和整合的方法形式很多，可以根据具体情况和儿童学习的需要而选择，可以在实施某一领域活动的过程中有意识地引用其他领域的形式。例如，在科学领域活动中认识菊花，教师在带领儿童对菊花的形态、颜色、生长环境等进行观察时，可以有意鼓励和指导儿童用绘画方式把所观察到的不同形态、颜色的菊花表现出来。观察、绘画、欣赏和分享的过程能够使儿童的认识和情感彼此渗透、相互交融，也可以将某一领域的内容渗透到其他学科领域，使之渗透与整合。例如，学习儿童文学作品中涉及科学方面的知识时，教师可以提醒或引导儿童关注其中蕴含的科学内容，让儿童交流对这些内容的认识，这就以隐含的方式巧妙地把科学内容的学习巩固与语言领域相渗透，同时又加深了儿童对文学作品的理解。同样，当音乐、美术活动的主题涉及相关科学内容时，教师可以给予儿童适当的提示，促进儿童更高层次经验的累积，或鼓励儿童将已获得的科学经验以自己的方式进行表述，还可以通过开展"主题"活动把各领域中有机联系的内容进行相互渗透和整合，通过教育的开展，使儿童获得生活化的整体性认识和全面发展，也就是可以引进主题活动，使之与领域活动相互补充，增强教育的整体性。

（4）充分发挥一日活动的整体教育功能

儿童一日生活中的各项活动都对他们的发展有重要的价值，应有机地整合各项活动，努力提高各项活动的整体成效，教师可通过资源的充分发掘和利用、环境的创设、多样化的活动以及一日生活各环节教育作用的发挥使各领域综合地、统整地呈现在形式丰富的活动和儿童的日常生活中。一日生活包括在儿童的发展过程中具有特殊价值的游戏活动、生活活动和学习活动等各式各样的活动，起着特定的作用，要防止重教学活动、轻生活活动，重有组织的活动、轻儿童自由活动的倾向。实践活动中应重点关注的问题是怎样围绕教育目标来开展教育活动，或者说如何在活动中完成教育目标。如培养儿童的独立性，就需要在生活中注意逐步培养儿童自己吃饭、穿衣、自己上厕所等；在教学活动中，启发儿童独立思考，有困难自己多动脑筋，想办法解决，教师要根据儿童的实际情况，给予适宜的支持与指导，教师还要时时注意到活动与活动之间的联系，并将这些活动的互补作用充分发挥出来，把游戏与生活结合起来，让游戏联系生活、反映生活，使儿童在游戏中快乐地学习，充分发挥一日生活的整体教育作用。

（5）优化整合各种因素，综合影响和有效促进儿童发展

学前教育实践过程涉及很多因素，如教师、儿童、教育环境、方法和手段以及家长和社区等等。教师在开展课程、组织教育活动时，应深入分析这些因素与儿童发展间的关系，充分发挥各种因素有利的方面，互补与优化利用并使之有效地作用于儿童，使儿童在与之相互作用的过程中获得充分发展。教师应为儿童创设与儿童生活、学习活动相适应的丰富、适宜的良好活动环境和平等尊重的人际氛围。发掘和综合利用幼儿园、家庭及社区丰富的教育资源，充分发挥各种教育资源的整体性作用。应有机、灵活、综合地利用各种学前教育方法、形式和手段，确保教育整合取得应有成效。

# 第二节　学前教育教学活动的设计

## 一、学前儿童年龄特点与发展实际的分析

在教学活动当中，教师与儿童需要进行交互，这一过程的目标是促进儿童的全面发展。为此，教师必须对儿童的发展状况进行深入分析，从而确保相关工作能够准确且顺利地推进。

### （一）儿童年龄特点分析

儿童的成长过程中存在许多相似的特征和规律。基于对儿童生理和心理发展的科学研究，我们了解到儿童的成长和变化都有其特定的顺序和阶段，且有着一定的共性。

在设计和组织儿童教学活动时，相关人员必须对儿童在不同成长阶段的生理和心理特征表现有深入的了解，他们需要明确认识到自己所面对的儿童在这一年龄段有着怎样的独特生理和心理特征表现，这样才能为各个发展阶段和层次的教学活动设定明确的目标。此外，教育者还应针对每个年龄段儿童的身心特点为他

们创造合适的学习环境，以便这些儿童能够获得科学合理的优秀教育，进而确保他们的身心得以健康发展。

### （二）学前儿童发展实际分析

学前教育阶段的教师需要仔细观察、了解、分析和研究儿童，并基于这一角度，以学前儿童的实际发展需求为参考，来策划相应的教学活动。为了深入了解儿童的成长状况，教师主要可以从以下两个方面开展工作：首先是探索学前儿童的兴趣和需求；其次是对儿童在与特定活动有关的方面的发展情况进行深入分析。

对于任何人来说，兴趣都是最出色的教育者。教师需要深入了解孩子们的兴趣和需求，并基于此制订合适的教学内容。比如，创作"幼儿自发生成课程"：主要介绍猫妈妈生小猫，使儿童能够基于此对生命的起源产生浓厚兴趣，此时，教师就可以选择与生命相关的课题，引导孩子进行深入的研究，并在教学过程当中积极解决儿童产生的一系列与生命相关的疑问，使儿童能够不断积累经验。

为了深入了解儿童的发展情况，需要参考维果茨基的"最近发展区理论"。基于这一理论，教师需要先对儿童现阶段的发展情况有清晰的认识；之后进一步明晰他们的"最近发展区"；最后，教师就有机会利用各种教学方法更好地实现儿童的全面发展。例如，如果教师希望在游戏的过程当中对儿童的小肌肉协调性进行合理的训练，就需要先对所有儿童的小肌肉发展水平进行深入了解，之后开展有针对性的教学。根据儿童的不同发展情况设计不同难度的游戏，面对能力较强的儿童，可以设计筷子夹玻璃球的游戏；而那些能力一般的儿童，就可以参与筷子夹小汤圆或糖块的游戏；那些小肌肉协调性较差的儿童，可以通过使用筷子夹纸团或棉花团的游戏进行锻炼。

对于学前教育的教师来说，准确地了解儿童现阶段的发展状况是非常重要的，这意味着教师和家长在日常生活中需要具备敏锐的观察力，能够发现儿童在日常生活中出现的小变化，并能够及时收集和积累相关的观察数据。在教学工作结束后，教师需要对自己收集的数据进行对比，以便更好地了解儿童是否在这一节课取得了进步，进而根据儿童的具体发展情况对之后的教学进行合理的安排。

在每一次的教学活动结束后，教师都应该深入思考是否有助于儿童的成长，并对整个过程进行详细记录，以便为接下来的活动规划提供参考。

## 二、学前教育教学活动内容及其重难点的分析

### （一）学前教育教学活动内容选择依据

1. 学前儿童的兴趣、经验等

在面向学前阶段的儿童进行教学内容的选择时，需要重点考虑他们的具体年龄与兴趣爱好，以确保所选的教学内容能够达成预期的教学效果并有效实现儿童的全面发展。为此，教师需要考虑儿童在这方面是否具备一定的实践经验，以及这些内容是否对他们的个人成长具有实际意义。

2. 儿童的教育目标

目标选择内容反映了社会对学前儿童教育的期望和要求。在选择教学内容时，教师必须充分结合国家和政府对儿童教育的具体要求和规定，还需要确保教学内容符合社会和家长对儿童的期望，并且，可以在教学内容中融合当地的特色和需求等。以上各类需求都会在面向儿童的教育目标中得到体现，并通过各种设定的目标来对教学内容的选择产生影响。

3. 知识的内在联系

在文明不断进步和社会持续发展的背景下，学前教育的各个学科领域积累了数量庞大的系统化内容。对于教师来说，从这些繁杂的内容中找到合适的内容并将之应用于具体的教学当中，是十分重要的工作。简单来说，教师在选择教育和教学活动的具体内容时，应当根据领域内容的内在逻辑特性，遵循由简到繁、一步一个脚印的教学原则，并将教学内容与孩子们的实际生活经验进行深度结合。

## （二）教学内容组织的基本形式

在选择内容的同时，教师必须考虑以何种方式来组织这些内容，以便学前儿童有效地学习。从陈鹤琴先生的"五指教学法"到"六科教学法"到今天的五大领域教学、方案教学、整合课程、主题活动等，都是对教学内容组织形式的探索和完善。以多种视角为出发点，教学活动的内容可以被有序地组织起来。在我国，现阶段最基础的组织形式包括分领域教学与主题活动或方案教学两种。

## （三）学前儿童教学活动内容选择的基本要求

### 1. 既适合儿童的现有水平，又有一定的挑战性

从内容选择的难易程度进行分析，可以明显发现，为有效开展适合儿童的教学，需要选择难度适中的内容，也就是说，经过选择的教学内容对接受教育的儿童来说，既要有一定的难度，也不能够偏离其现有的认知经验范围，从而确保儿童可以在付出一定的努力之后达成教学目标。若是教师选择的教学内容过于困难，儿童可能会感受到巨大的压力和负担，这不仅会使他们难以体会到成功的喜悦，还可能导致他们对学习产生恐惧和自卑。相比之下，如果教学内容过于简单，孩子可能会觉得教学缺乏吸引力，进而出现学习积极性降低的情况，最终导致其注意力难以集中，不利于良好学习习惯的养成。

### 2. 既符合儿童的现实需要，又有利于其长远发展

儿童需要积极掌握各种知识、技能才能实现全面成长，所以说，对于那些儿童在日常生活中真正需要的内容，教师需要将之纳入教育内容。从儿童发展的宏观和微观视角，以及纵向和横向的角度进行深入研究，选择教学内容时，既要考虑到他们的现实发展，也要重视他们未来的长期发展。

### 3. 生成课程与预设课程有机结合

将生成课程与预设课程进行充分融合，不仅是为了将教学内容与日常生活进行结合以激发学前儿童的学习兴趣，同时也是为了更好地凸显各个领域内容之间

的内在联系，从而充分拓展学前儿童的认知。

在实际教学过程中，教师通常会按照教育目标来安排教学内容，但随着课程改革的不断深化，教师会以《纲要》中的"善于发现幼儿感兴趣的事物和偶发事件中所隐含的教育价值，把握教育的时机，提供适当的引导"为教学内容安排的指导原则，逐渐开始关心儿童的个人兴趣和生活知识经验，通过引导他们自发生成课程，实现引导孩子自发生成课程和教师预设课程的结合。

**（四）学前教育教学重点、难点的分析**

在教学过程中，所谓的重难点，指的是那些在教学内容里相对重要或难以被儿童掌握的知识和经验，如小班语言活动"拔萝卜"，教学重点是理解故事情节，教学难点是学习词语"拉、帮忙、一起"和词组"拔萝卜"。

1. 教学重点分析

与教学目标中需要儿童掌握的所有知识和经验相比，教师在教学过程中特别需要儿童掌握的知识和经验，就是学前儿童教学活动的重点。值得注意的是，这一类教学内容是基于儿童所学内容的主次关系进行划分的，同时也是教师在反思教学活动时的关键。例如，在中班的故事教学课程"找珍珠"中，教学重点就是丰富儿童对于"水的三态变化"的认识。

在开展教学活动时，教师需要明确教学的重点内容，这意味着教师在设计教学目标、规划教学时间以及实施教学时，都需要积极表现教学重点，并通过多种方式让孩子从不同的角度去理解，以实现教学的核心目标。

2. 教学难点分析

在教学活动中，教师需要严格按照既定的目标和计划，确保孩子们能够掌握关键的知识或经验，若是这些知识或经验在儿童的认知经验范围内是相对难以理解或掌握的，我们就称之为教学活动的难点。这是基于儿童现阶段的经验和能力水平来解释的。

在开展教育活动时，从认知方面来说，难点往往集中在重点部分，有些活动中的重点也是难点。从其他方面说，儿童难以理解的动作、操作练习的方法、游戏的规则，甚至部分教材的内容等都有可能成为活动过程中的难点。为了在教学过程中克服难点的困扰，教师应当根据学前儿童的认知发展情况，采用多种策略和方法，从简单到深入，将困难转化为简单，将枯燥变为生动，从而解决教学难点。

教师要在具体的学前教育活动中对教材中突出表现的重点与难点进行精确的把握，值得注意的是，部分活动当中，某些教学内容不但属于重点，也属于难点。在开展教学活动的过程中，教师必须清晰地认识到本次教学活动的重点和难点，并努力在教学过程中突出相应的重点并积极突破其中的难点。

## 三、学前教育教学活动目标的考虑

目标不仅是教育和教学活动的核心，也是这些活动的起点和终点。教师必须拥有明确的目标意识，并在心中设定明确的教学目标，不管是教学活动的策划与实施时，还是在反思教学活动时，都应以这些目标指导自身行动。

### （一）教育活动的目标分解

基于《幼儿园工作规程》中的保教总目标、《幼儿园教育指导纲要（试行）》中的领域目标以及学前儿童的发展规律和特性，教师需要将这些目标逐层细化并融入儿童的实际成长的目标中，按照学前儿童教育的总目标→领域目标→年龄阶段目标→单元（如时间或内容单元）目标→教育活动目标递进。

在设计和组织教育活动时，首要任务是在总体目标的指导下挑选合适的内容，之后结合各个领域目标的特定需求和特征表现，充分考虑不同年龄段儿童的身心发展特点以及具体发展情况。这样，我们就可以根据学期和月（周）的目标，全面而详尽地规划具体的教学活动。

简单来说，具体的活动目标实际上是对总目标、领域目标、年龄目标和单元目标进行深度的细化和具体化得到的，这为教育活动的指导、执行和评估提供了一定的依据。在进行教育活动的设计时，需要重点考虑儿童的年龄特征、现有的能力和水平，以及活动的主题和性质，并以学前儿童的认知经验为设计基础，着重培养儿童的情感态度和技能等。

### （二）教学活动目标设计应注意的问题

（1）教学活动目标设计应当是全方位的，不应过于单调或偏颇。在制订具体的教学活动目标时，教师应确保目标具有全面性，涵盖认知经验、情感态度、技能和能力。在进行相应的目标设计的时候，教师需要深入思考最终确定的教学活动目标是否能够全面促进学前儿童在认知经验、情感态度、技能和能力等方面的成长。

（2）在进行语言表述的时候，需要保证语言清晰且具体，还需要有很强的操作性，以确保更方便地对教学的最终结果进行评价，还需要注意的一点是，必须杜绝过于宏大的目标和模糊的表达，教师在制订具体的教学活动目标时，往往描述得过于宽泛，比如确定了"提高幼儿的语言表达能力"和"培养幼儿的想象力"等目标，这种描述方式过于宽泛且不具备实际操作性，不仅会严重阻碍教师的教学进度，也不利于教学效果的评价。

（3）在表述目标时，最佳的处理方法是从一个统一的视角出发，避免教师和儿童在表述上的不一致，或者过于突出教师，这样做是为了确保之后的实际操作和具体评价不会受到影响。

（4）在进行总体设计时，教师应当深入考虑本班的实际情况以及幼儿的个体发展水平。在制订教学目标时，教师需要全面且细致地了解本班幼儿的具体发展情况，并确保设定的目标与班级中大部分幼儿的发展水平相匹配。并且还需要根据每个幼儿的最近发展区，为他们设计不同层次的目标，就比如在进行看图片说话的教学活动时，教师要关注不同学生的具体情况，并为他们设计不同难度的教学目标。相比之下，若教师不能够全面、准确、细致地了解儿童的具体发展情况，那么他们就无法根据儿童的能力水平来设计不同难度的针对性目标，也就很难利用教学活动来实现所有儿童的全面发展。

## 四、学前教育教学方法与手段的考虑

所谓的教学方法，就是教师和儿童为了达成特定的教学目标，在集体活动中所使用的手段，不仅涵盖教学方法，还包括学习的方式。

现代教育的发展，在教育目的、内容和教育活动方式上有了很大的变化，所以指导教育活动的方法也应随之更新，如由于现代儿童教育的理念是让孩子"玩中学，乐中学"，人们的观念随之改变，在学前教育的具体教学活动中，游戏法已被教师大量地运用；再如，随着电脑技术的飞速发展，教师在电教法的采用上更加丰富灵活，已由原来简单的录音机、幻灯片的使用发展为形式多样的多媒体的运用。

在应用教学方法时，有一些需要特别关注的问题，如下所述。

（1）在选择教学方法时，应根据教学的目的的内容的特点来进行选择。其中，教学方法是达成教学目的的关键，选择教学方法时应以既定目标为参考，并确保与教学内容相互匹配与适应。例如，观察活动的核心目的是培养儿童的观察能力，其中观察法是最为关键的手段。

（2）在选择教学方式时，教师必须充分考虑儿童的年龄表现和发展情况。鉴于学前儿童的年龄、性格、兴趣等方面存在一定的差异，所以教师需要应用各种不同的教学策略。对于年纪较小的孩子，教师应倾向于使用游戏法、直观法。如语言教学中，中大班儿童多采用观察法、谈话法等，小班则宜运用游戏法和情境化的表演等方法。

（3）为了满足儿童多样化的教学需求，教学活动需要综合运用各种教学手段，确保教学活动既有针对性又有辅助作用，实现多种教学手段的辩证统一和有机结合，从而在多个方面发挥作用，以提升整体的教学成效。在教育实践中，所采用的策略不应是单一的方法，而应该是由多种策略按照特定的次序和联系组合而成的最优的策略组合。教师在教学过程中，应根据每种教学方法的独特性和作用表现，以孩子们的实际需求为参考，进行灵活选择和适当应用，以获得最理想的教学效果。

"教学有法，教无定法"，在我们的教育教学活动中，绝不能生搬硬套，一成不变地运用各种教学方法，而是要根据实际，将几种方法合理、恰当地结合，使之互为补充，发挥综合效应。

## 五、学前教育教学活动环境与材料的考虑

### （一）学习环境创设是儿童教学必不可少的

#### 1. 儿童学习环境创设的重要性

随着时代的发展，人们对儿童成长和教育的研究逐渐加深，大家逐渐认识到为孩子创造一个良好且准备充分的环境对其健康发展的关键作用。有些人甚至生动地将环境描述为孩子成长过程中的"第三位老师"，不但重视环境教育的灵活性表现，要求儿童和教师以他们的实际需求为基础，对环境进行持续的调整与完善，还特别重视环境在教育中的作用，一个预设的环境可以潜移默化地对儿童产生影响，从而有效促进他们在社会、情感、认知等方面的学习活动的开展。

在对儿童进行教育的过程中，教师首先要为儿童创建优良的教育活动环境（如放着轻音乐的书吧、铺着鹅卵石的林荫小道、各种功能的活动区和活动角等），通过教师的引导，儿童能够在丰富的物质环境和和谐的精神氛围中积极、自主地进行操作或探究活动，在这种环境所提供的各项活动中，自由地发展成长。即教师创设优良环境—学前儿童主动与教师创设的环境发生交互作用—促进学前儿童发展，形成一种三维的动态平衡的和谐关系。

#### 2. 儿童学习环境创设的目的

所谓的学习环境，主要是指专为孩子们打造的轻松的精神氛围和物质丰富的环境。探索通过何种方法利用学习环境加强孩子的活动动机，以及通过何种方式实现儿童与环境的互动并逐渐成长，已经成为现代学前教育专家非常关注的教育研究

课题。儿童生活园地和学习的有益场所是通过精心的环境设计创造的，其目的是激发儿童的自主探究精神，进而丰富他们的认知体验，并促进其身心的和谐成长。

比如：教学活动美工"美丽的秋天"（大班）。

（1）教学目标：让幼儿按自己的意愿和理解，采用各种方法进行绘画与制作，合作布置秋天的环境，体会集体创造环境美的乐趣。

（2）教学准备：让幼儿反复观察秋季特征，欣赏有关秋天的散文，为幼儿提供图画纸、碎布、吹塑纸、电光纸、各种画笔、水粉颜料、胶水、针、线等等，在活动室里将全班幼儿分成若干组。

（3）教学过程：

一是讨论：教师引导幼儿讨论，现在是什么季节？秋天都有什么特征（包括人、动物、花草、树木等）？如何利用各种材料把秋天的景色布置在活动室里？

二是制作：根据讨论的意向，幼儿自愿选择材料进行制作活动，教师巡回指导。

三是装饰与欣赏：幼儿各自把完成的作品布置起来。教师组织儿童讨论怎样进行装饰，在讨论的基础上，让每个幼儿将作品布置在适当位置，表现一定的情景。幼儿在教师的引导下讲述、欣赏、评价和补充。

在该活动中教师提供了丰富的材料，儿童得以在教师引导下，根据各自的兴趣和学习水平表现自己对秋天的认识。

**（二）教学活动环境与材料创设要点**

1. 学习环境创设和材料的提供要充分考虑适宜性、教育性

教师需要掌握获取、识别、分析、筛选和整合各类信息的技能。在教学过程中，教师应基于教育环境的角度，明晰环境和教学材料的教育价值，这样，他们就可以进一步设计出与教学目标、内容和儿童的实际发展相匹配的、具有教育意义的环境，确保学习环境的适宜性和教育性得到体现。

2. 学习环境创设和材料的提供要充分考虑针对性、全面性、发展性

教师需要依据教育目的和儿童的心理及生理发展状况，为儿童创造一个优质的学习环境。例如，活动室的墙壁装饰、布局安排以及物品的放置等都应具有明确的目标性，以便潜移默化地对儿童的日常活动加以影响，确保各个年龄段的班级都有其独特之处，而在相同年龄段的班级中，不同的班级也应展现出各自的特色。在提供相同的学习环境时，教师需要提供各种不同级别的材料，以适应不同发展阶段的孩子的需求，确保学习环境的针对性、全面性和发展性得到充分体现。

3. 学习环境创设和材料的提供要充分考虑学前儿童的参与性、安全性

在儿童的学习过程中，环境的创设和材料的收集都是不可或缺的环节，因此，成人不能完全主导这一过程。相反，教师应该鼓励学前儿童积极参与其中，并与儿童共同参与环境的设计和布置，选择合适的活动地点，这样才能更好地激发儿童的兴趣并满足其发展需求。值得注意的是，儿童在环境创设过程中的参与，实际上也是环境创设学习的一部分。在为儿童创设学习环境时，安全性十分重要，主要从两个维度考虑：一是心理层面的保障，即让孩子感受到自己是受欢迎、受关怀、受尊重的，感受到自己所在的班级是温暖的，与伙伴、老师的相处是愉快而融洽的；二是身体上的安全，即尽量消除学习环境中的隐患。

4. 创设内容和提供的材料要考虑综合性和可变性

创建学习环境时，教师应该设定清晰的目标和主题，确保各种环境元素能够相互配合，形成一个完整的系统，做到和谐统一，充分彰显整体的效果。并且，在创建学习环境时，环境的设计应当根据教育目的、儿童的兴趣和技能发展水平以及他们的实际需求，进行适时的变换与完善。

5. 要支持、启发和引导学前儿童主动与环境相互作用

教师应根据儿童的兴趣和喜好来设计教学环境并提供需要的材料，确保为儿童提供足够的用于想象的创意空间，并赋予儿童自主选择和使用的权利和条件。教师不但需要为儿童提供足够的自由支配时间以及合理地进行自主选择的机会，

还需要积极引导他们在与环境互动的过程中进行学习。

## 六、学前教育教学活动方案设计与计划的拟订

### （一）教学活动计划的基本内容

学前儿童班级阶段教育是通过分单元的教育教学活动来落实的。如果是主题活动，就要按主题来拟订教育活动的计划。同时根据主题的大小，还要进一步具体化地通过将若干个教学活动安排到一日活动中去得以落实，这就需要制订具体的教学活动计划。领域模式的教学活动计划是通过周计划安排到每一日的教学中落实的，一般每一天都安排有一两个具体的教学活动引导和指导儿童进行一定内容的学习，使他们发展各方面的能力，整理已有的经验。教学活动计划是教师教学工作方案的具体体现，通常涵盖教学活动的具体内容、目标设定、环境创设和材料供应，以及教学过程的组织和指导等多个方面。

### （二）具体教学活动计划的一般结构

#### 1.教学活动课题名称，设计意图

在进行教学活动的课题名称设置时，需要体现出具体班级、活动的内容和名称的信息，比如中班语言活动——故事教学"三只小猪"。

在课题的设计和组织过程中，最为重要的步骤是对幼儿的最近发展区进行细致的观察了解与深入分析，之后再以此为依据进行设计。设计的目的主要是探讨选择这个课题进行教学的原因，它是基于学前儿童的哪些特定问题或兴趣而提出的，以及预期的教学效果如何，等等。

#### 2.教学活动准备

教学活动的准备工作涵盖儿童活动所需的各种知识和经验、技能、情感和心理准备，还包括儿童使用的工具、教师的教学工具、活动场所的布置以及整体环境的准备等多种物质准备。

3. 教学活动过程

教学活动的流程设计涵盖活动的导入设计、问题提出设计以及线索设计等方面，教师在设计过程中需要深入思考活动设计的切入角度、实施策略和整体框架等相关课题，还有活动的总结以及活动的进一步扩展等。

4. 教学活动形式与方法

教师应当根据实际需求进行合理的规划，根据实际情况，灵活地采用各种不同的教学策略和手段。教学活动的形式有集体、小组和个人三种。

5. 教学活动延伸

教学活动的延伸是对先前教学活动的进一步巩固，同时也引出了下一阶段的教学活动，是承前启后的重要角色。在活动设计中，需要明确指出具体的延伸活动是什么，以及这些活动的关键指导原则是什么。

例如，活动延伸：在自然角观察黄豆发芽。

教师指导要点：教师在活动结束后，继续激发儿童观察了解黄豆的兴趣，请幼儿自发到自然角去观察黄豆发芽的过程，做好观察记录，进一步感知黄豆宝宝的神奇魔力。

6. 教学评析

教学活动评价即教师的教学小结，它应包括教师对本次教学活动内容的总结，突出重难点，也包括对活动中儿童的行为表现的小结。

教学活动评析是教师教学活动必不可少的一个重要环节，教师可以进行教学反思和自我诊断，通过对儿童活动情况的分析，找到自己设计或组织过程中的优势或不足，以便及时调整和改进工作，促进每一个儿童的发展，提高教学质量。

**（三）具体教学活动方案设计应注意的问题**

（1）教师在教学活动方案设计过程中必须确保结构层次清晰、逻辑条理分明。一个出色的活动策划必然有着清晰的目标以及合适的教学策略和形式。

（2）教师必须具备明确的目标意识，并基于活动的核心目标开展相应的实践活动。

（3）教师应当深入思考如何凸显教学的重点，以及如何克服教学中的难点。

（4）设计富有启示性的问题，需要通过提问来激发幼儿的学习兴趣，启发他们的思维，并最大限度地激发他们学习的主观能动性。

# 第三节　学前教育教学活动组织与指导

## 一、学前教育教学活动过程的组织与指导

### （一）学前教师教育观念的转变和角色定位

教育的观点和理念在很大程度上决定和塑造了教师在教学过程中的各种行为和言论，这不仅会影响到教学的品质，还会对教育的目标群体，即儿童的成长产生直接的影响。作为践行《纲要》精神的新时代教育者，教师要转变教育观念，即摒弃旧有的以教师为中心的教育思想，树立正确的儿童观和教育观，以科学的教育方法策划和组织儿童参与的教育活动。

首先，必须给予儿童应有的尊重，意识到他们是在积极成长过程中具有巨大潜力的个体，并将传统的师生关系转化为平等、民主、合作的关系。

其次，必须深刻理解儿童在教学过程中的重要作用，并进一步明确学前儿童可以在自我实践活动中实现认知系统的合理建构，并获得身心的健康和谐发展。因此，教师需要对现阶段教学活动中的师生关系形成正确的认识，并及时转换教学活动中教师与儿童的角色定位。

最后，教师需要深入了解所有儿童的差异表现，并针对性地创设合理的教育环境，确保因材施教。

1. 教学活动中的儿童

（1）儿童是教学活动的主人，要让儿童通过自身的实践活动获得发展

儿童参与的教育活动过程是一个教育者有效地组织、指导儿童活动的过程，所以，教师要正确处理教师的主导作用和儿童的主人地位的关系，积极引导儿童主动参与活动，使教学活动转化为儿童主动的发展过程。

我们知道，活动是儿童心理发展的直接源泉，儿童是通过自身的活动，能动地、有选择地接受环境和教育影响，主动建构自身认知系统而获得发展的。在儿童的教学活动中，教师应尊重儿童、解放儿童，让儿童成为自己学习和活动的主人，使儿童在教育活动中积极主动、全面地参与活动，充分发挥其天性，让儿童通过主动活动和主动学习实现身心和谐发展。

（2）教学活动要促进每一个儿童的发展

《幼儿园工作规程》指出："要注重个体差异，因人施教，引导幼儿个性健康发展。"[①]《幼儿园教育指导纲要（试行）》也指出："关注个别差异，促进每一个幼儿富有个性的发展。"[②] 科学研究证明：儿童的生理、心理发展处于最迅速的时期，而且表现出共同的年龄特征，儿童的发展既有阶段性又有连续性，发展的过程是不可逆的。但是每个儿童发展的进程是不一样的，因为遗传、环境、教育等因素，个体差异总是存在的，每个儿童作为独立的、不断发展的个体，都有各自的发展特点和潜能。

加德纳的多元智能理论深入探讨了人的智能结构，强调每个人都有其独特之处。简单来说，所有人都具有由语言智能、数理·逻辑智能、视觉·空间智能、音乐智能、身体运动智能、手的技巧智能、人际关系智能、自我认识智能、自然观察等组合而成的多元智能。每个人都有自己的优势与弱势，同时，上述智能的不同状态表现也会导致人与人的差异。教育的目的是最大化发挥每个人的优势智

---

① 教育部. 幼儿园工作规程 [R/OL]（2016-02-29）[2024-10-18].http://www.moe.gov.cn/srcsite/A02/s5911/moe_621/201602/t20160229_231184.html?url_type=39&object_type=webpage&pos=1.

② 中国政府网. 教育部关于印发《幼儿园教育指导纲要（试行）》的通知 [R/OL]（2001-07-02）[2024-10-18].https://www.gov.cn/gongbao/content/2002/content_61459.htm.

能，发展他们的弱势智能，从而实现个体的全面发展。

因此，要真正实现每个儿童的自主的、充分的发展，在教学活动中教师要针对每一个孩子的个人特点，包括兴趣、爱好、需要等进行有差别的、行之有效的教育，做到"对症下药"、因材施教，使每一个孩子在原有的基础上得以发展。

2.教学活动中的教师

（1）教师要充分尊重儿童

"学前期"是一个对人的一生产生深远影响的阶段，这一时期常常得不到成年人的重视，且孩子们对这一时期的真正的价值也一无所知，完全不能掌握它的发展进程；这是一个儿童有着极大潜力和极强可塑性的时期，也是一个儿童需要成人细心呵护和保护的时期，同时，这一时期的孩子们对自尊自立的需求也在不断增长。教师和家长应树立正确的儿童观，把儿童看作一个独立的个体，而不是成人的一部分或"小大人"，应"把儿童看作儿童"，即尊重儿童的自然发展规律，尊重其自然成长速度，"创造与生命特性一致的教育"，为儿童的发展提供条件，让学前儿童自己开发自己的潜能，自己塑造自己。

教师应当尊重不同的幼儿在发展水平、既有经验和学习方法等方面的不同，并针对性地进行教学，确保每位幼儿都能在安全、快乐、尊重的环境中与教师互动。另外，教师还需要耐心地聆听，积极地理解幼儿的思维和情感，并鼓励他们勇敢地表达自己。在学前儿童的教学活动中，尊重儿童就是要充分了解儿童，仔细观察、记录每一个儿童在活动中的不同表现和活动行为，善于评估儿童的不同特点和发展水平，充分考虑每一个儿童的兴趣和需要，给予适时的指导，为每一个儿童提供表现自己长处和获得成功的机会，让每一个孩子都能获得成功的体验，都能增强自尊和自信。

（2）正确引导，顺利进行角色转换

在教学活动中，教师要真正体现自己的指导作用，其实质就是正确处理直接指导和间接指导的关系，正确认识自己在教学活动中扮演的角色，顺利实施角色转换。可以说，在教学活动中，教师引导的艺术主要体现于教师是否自然顺应了不同状态下的角色转换。

那么，在儿童的教学活动中，教师究竟扮演了哪些角色呢？一是在儿童教学活动实施前，教师首先应该是分析儿童发展状况的"研究者"和教学活动计划的"设计者"、儿童实践活动的学习环境和操作材料的"创设者""提供者"；二是在儿童教学活动实施中，执行教育计划的过程是教师的再创造过程，教师在教育过程中应成为幼儿学习活动的观察者、支持者、合作者、引导者、记录者；三是在儿童教学活动实施后，教师的角色又转换为活动的"评价者""反思者"。

在教学活动中，儿童遇到问题、寻求答案时，教师就应以"引导者"的身份出现，把一些儿童无法通过自己探索知道的有关物体的名称、工具的使用、安全事项、科学概念等以直接指导的方式告诉儿童。儿童通过自己操作物体或扮演角色等进行探究活动时，教师又应由"指导者"的角色转换为儿童探究活动的"观察者""支持者""合作者"。教师要细心观察儿童在活动中的情况，包括他们的情绪、注意力、对话、操作表演、合作、解决问题的方式等，一旦发现问题或问题倾向，教师应给予启发和帮助，可以以合作伙伴的身份参与到探究活动中去，积极引导。教学活动告一段落，教师的角色又转化为活动的评价者，教师可以引导儿童评价自身参与活动的行为表现，肯定儿童在活动中的成功和创新等。

**（二）学前教育教学活动过程的组织和指导要点**

**1. 正确处理教学活动过程中教师与儿童的互动**

教育过程中教师应不时地与儿童互动，没有互动的教育是难以想象的，更谈不上是有效的。儿童的教学活动是通过教师积极引导的"教"和儿童主动的"学"来完成的，它是通过教师、教育信息、儿童、环境材料的相互作用进行的，是由人与人之间的心理互动或行为影响所引发的，它涉及一个人的行为影响另一个人的行为或价值观转变的各个过程。当教师与儿童进行互动时，儿童会在教师的鼓励下积极发挥自身主动性，在这种互动中，孩子和教师成为教学过程的主要参与者，形成了一种教育合作的伙伴关系，这是一种高度自动化的融通性互动。

我们应该确保儿童在任何时刻都能够看到教师的目光。在这种心灵的触碰和情感的交流中，让他们有勇气积极地展示自己的优点，从而进一步增强其自尊和自信，使儿童能够养成进取心与责任感。最终，使所有的儿童都能够在与教师的互动中逐渐成长为一个真正的人。在师幼互动中，教师要在尊重儿童主体性的基础上多使用间接指导方式，用非言语交际手段指导儿童主动学习和解决实际问题，教师要充分利用自己的表情、眼神、手势、动作等非言语手段来支持和帮助儿童学习。

（1）在具体的教学活动中，教师的角色定位直接影响到教师与儿童互动的性质以及教师和儿童在师幼互动中各自所处的地位。教师应对照《纲要》对自己的角色定位进行调整。在与儿童的互动中，教师扮演的不仅是管理、指导和裁决的角色，也不是粗暴地向儿童传授知识的人，而应该是创造良好的互动环境、提供交流机会、组织积极的互动的人，也是支持、帮助、指导和推动学前儿童发展的人。教师充当着幼儿在探索未知领域时的合作伙伴角色。教师只有这样定位自己的角色，才能更多地关注儿童的实际情况，更好地促进儿童的主体发展。

（2）建立平等的教师与儿童的关系，营造安全、愉快、宽松的外部氛围，细心观察、敏锐关注儿童在互动中的行为表现，积极引导儿童，并与他们进行充分的情感交流，才能形成良好的师幼互动。在具体的教学活动中，人是最核心的要素，在教师与儿童之间的积极互动中，教师应该始终用关心、开放的良好心态与其交往，并为儿童全心全意地创造一个温馨、和谐的学习环境，最终与他们形成平等、亲近和相互信任的关系，以确保所有儿童都能够真切地感受到老师是一个值得信赖和亲近的导师和朋友，消除教师与儿童之间的隔阂，并最大限度地发挥互动的作用。

2.科学、合理地安排和组织教学活动各个环节

教师需要重视动态与静态的交替配合，并确保它们之间的和谐统一：首先，时间的规划安排应当具备一定的稳定性和灵活性，这不仅有助于塑造有序的氛围，还能满足各种活动的需求；其次，努力避免无意义的团体活动与烦冗的过渡环节，

实现流畅而自然的过渡，消除或减少因消极等待导致的时间浪费，从而提升活动的执行效率；再次，由教师直接负责的团体活动应当能够满足大部分幼儿的实际需求；最后，教师需要确立健康的日常习惯，逐渐培育孩子们的自我约束能力。

3. 教育活动内容的组织应充分考虑儿童的学习方式和特点

在对教育活动的内容进行选择与安排的时候，教师应当深入分析幼儿的学习特性，确保各个领域的内容能够有机地结合和相互影响，强调其综合性与趣味性的表现，使幼儿所能接触的日常生活和游戏都蕴含着教育元素。比如，教师在进行教学内容的选择时，可以将节日的顺序作为切入点，也可以将季节的变化作为课程安排的依据。其一，关于幼儿的教学，并不能局限于幼儿园当中，还需要将幼儿的教育与社会结合，例如可以在春天的时候，组织幼儿亲身接触自然界的树木，并亲身体验各类景色在春天的变化等；其二，幼儿教师可以将生活中幼儿可能或将要接触的各类活动与课程进行结合，强化教育与生活的联系，使幼儿能够在各种与生活相关的学习场景中掌握各种经验。

4. 学前教育教学活动过程要求教师观察幼儿的注意力是否集中

教师有能力从多个维度来观察幼儿注意力的集中程度，包括观察幼儿在集体教育活动和游戏中的注意类型、维持注意力的时间，以及注意发生时的行为表现。

（1）注意类型：我们可以将注意分为无意识的和有意识的两大类。无意注意指的是那些没有明确目标且不需要刻意追求的注意，其本身大多数时候会受到刺激物自身属性的制约，包括刺激物的强度、新异性、动态变化等因素。有意注意指的是有明确目标且依赖坚定意志的注意。当一个主体对某项活动有清晰的目标，并展现出坚定的决心和强大的抵抗外部干扰的能力时，可以维持高度的有意注意。

（2）注意维持的时间：在一个优质的教育环境中，3岁的幼儿可以集中注意力3~5分钟，4岁的幼儿可以集中注意力大约10分钟，5~6岁的幼儿可以集中注意力大约15分钟。值得注意的是，在教导5~6岁的幼儿的时候，若教师能够选择合适的教学方法与教学内容，那么可以保证5～6岁的幼儿集中注意力的时间达到20分钟。

（3）注意发生时的行为表现：首先是适应性的运动。当幼儿专注于特定对象时，他们往往会展现出有助于集中和指向的行为和状态，例如，在听的时候会侧着耳朵仔细听，在看的时候会直勾勾地盯着目标，以及在思考时会全神贯注，不出现任何小动作。其次，不再进行任何无关的行为。简单来说，就是幼儿会在自身注意力集中的时候，不再进行各种不相关的行为。比如说，当幼儿专心听讲的时候，他们就不会再与同伴窃窃私语，也不会再做各种小动作。最后，生理运动的变化。若幼儿开始专注于某一事物，那么他的呼吸就会出现明显的变化，逐渐变得轻缓，并且呼的时间更长、吸的时间更短。

（4）教师有义务在日常的多个教学环节中，对幼儿是否能够严格按照教师的要求参加各类活动进行细致观察，在执行各种活动环节时，是否能按照教师的指示顺利完成。

5. 教学活动的组织形式应根据需要合理安排

根据幼儿的实际需求，教师应当合理地规划组织教学，这样可以为幼儿创造更多的学习机会和更优质的学习环境，从而提升幼儿教师的教学效果。首先，根据时间、地点、内容以及幼儿的学习特性，教师需要对教学活动的形式进行灵活变换；其次，在教师进行直接或非直接指导的活动时，必须确保孩子们有足够的时间独立地参与到活动中。

6. 教师的指导要有针对性和弹性，要留有余地

教师需要以《幼儿园教育指导纲要（试行）》与本班幼儿的具体状况作为组织教学的依据，制订既实用又具有灵活性的工作方案，并根据具体情况加以实施，充分发挥儿童的主体性。

在具体的教学活动过程中，教师要改变传统的恪守教案、习惯于背教材并按固定模式教学的错误做法，多运用启发式教学，多提开放式问题，启发儿童去探

索、去思考，还应关注教学中的儿童的实际情况，反思、调整自己的计划，将新问题与原计划进行有效的整合，甚至可以放弃教师认为重要而学前儿童不感兴趣的问题，适时地提供支持，使每一个孩子以自身的认知经验去学习，在原有的水平上获得充分发展。

在教学活动中，教师的指导要注意尺度，应给儿童留出自己动手、动脑探究的余地，应让儿童在教学活动结束后仍有浓厚的探索欲望。如科学领域的教学活动，教师可以在结束时再抛出一个与本课题相关的让孩子继续探究的问题，或不对活动中孩子提出的问题作完整的指导，让孩子带着疑惑再探究。再如语言领域，让孩子去续编故事、仿编诗歌、创造性地讲述等活动，都能给儿童持续发展的时间和空间。

## 二、学前教育教学活动的反思与推进

### （一）学前教育教学活动反思的内涵及意义

总的来说，教学活动的反思就是教师基于先进的教育理论指导，通过行动研究，积极反思自己的教育实践，并对其中存在的问题进行解决，从而增强自身教学活动的科学性和合理性，最终达到研究型教师的标准。

对于一名学前教育工作者，应具备一定的教学反思能力。事实上，教师的整个教学过程，就是一个教师不断地自我反思的过程，教师缺乏反思，就没有提高，难以进步。

教师的教学活动反思就是教育教学研究，其根本目的在于改进教学，提高教育质量，促进儿童的学习和发展。通过教学活动反思，教师能够发现教学中存在的问题，从而研究问题、解决问题，将研究与教学活动实际结合，能够从根本上促进教师思考，使他们自觉地把理论与实践结合，更理性地认识自己的教育实践。因此，教学活动反思不但能够充分促进教育实践的优化，还能够进一步提升幼儿教师的教学质量，并保证幼儿能够获得更好的发展，除此之外，幼儿教师也能够借此全面提升自身素质，最终发展成为研究型与专家型的优秀教师。

**（二）学前教育教学活动反思与推进的操作要点**

1. 对教学活动中儿童发展的评价与反思

对教学活动中儿童发展的反思主要从儿童活动前、活动中、活动后各方面的发展进行。反思与评价主要有单项法和综合法。单项法是指对儿童的某一方面作出评估，如评估儿童的智力水平，包含对思考力、记忆力、观察力、想象力等的评估；综合法则是全面性的评价。如果可以将某一方面的评估看成单项评价的话，那么，把各方面综合起来一起评价就是综合评价。

对教学活动中儿童发展的评价、反思，要尽量做到客观、全面，这要求教师具备扎实的有关学前儿童身心发展的特点和规律的知识，以及对各种类型、层次的目标的深入理解和把握能力。

对教学活动中儿童发展的反思要注意的问题：（1）应思考活动目标是否顺利实现，教师是否提供了更加适宜的帮助和指导，活动是否促进了每一个孩子的发展。（2）反思是否促进了儿童的全面发展，教学中是否避免了只重视知识、技能而忽略了情感、社会性和实际能力的培养。（3）应注意考虑个体差异，应从纵向来看儿童个体是否通过教学活动得以进步。要慎用横向比较评价儿童个体发展。（4）应以发展的眼光看待儿童，要尊重儿童发展的速度、特点和倾向。

2. 对实现教学活动目标和内容的反思

（1）思考教学活动目标设计是否建立在本班儿童发展现状的基础之上；是否适宜本班儿童现有的认知经验、情感态度；是否满足本班儿童的兴趣爱好；是否在本班儿童的技能发展水平之上；是否为本班儿童提供了有益的学习经验，并符合其发展需要。

（2）反思目标是否全面具体、难易适当，在教学活动中是否具有可操作性和指导性。

（3）反思目标是否实现，有哪些需要完善和调整的，为下一步教学带来了什么启示，可以再次通过与本次活动相关的什么内容来展开教学，以推进教学。

### 3. 对教学方法及手段的反思

在教学活动中，教师应思考自己所运用的教学方法和手段是否与孩子的兴趣爱好吻合，是否与教学内容和儿童的年龄吻合，是否新颖有趣，是否能充分调动孩子的积极性，是否有利于儿童充分动手、动脑、动口以发展创造力，等等。

# 第四章　学前教育宏观管理

本章为学前教育宏观管理，论述了学前教育行政管理、学前教育管理的方法、学前教育管理中的规章制度、幼儿园组织机构的设置四个方面的内容。

## 第一节　学前教育行政管理

### 一、教育行政管理概述

要了解教育行政，首先要弄清楚什么是行政。行政也是一种管理活动，行政的含义可以分为狭义和广义两种。狭义上的行政指的是国家行政机关对国家政务的管理。国家的行政机构可以分为四个主要类别：国家权力机关、国家司法机关、国家军事机关、国家行政机关。国家的行政机关涵盖了国务院及其下属的各个部门，以及省（自治区、直辖市）、地（市、州、盟、区）、县（自治县、旗、市、区）和乡（镇）的各级地方人民政府及其工作部门。行政具有鲜明的政治性，在阶级社会中有阶级性。广义的行政是对公共事务的管理，不一定只有行政机关才能进行行政管理。任何工厂、学校、医院等单位，只要有公共事务就都有行政管理的问题。

教育行政管理是指教育领域的行政管理，是教育行政机关对教育事业的管理。教育行政机关是国务院和地方各级人民政府担负教育行政管理职能的专门机关。

### 二、教育行政体制与改革

教育行政是国家行政体制的一个组成部分，是国家管理教育事业的基本制度系统，是国家各级关于教育行政机构的设置、从属关系、权限分配以及责任分担等多个方面的制度总称。这些制度所反映的就是采用什么样的方式领导教育的问题。每个国家的政治、经济、文化传统不同，教育的领导方式也不同。各国的教育行政体制大致可以分为三种类型：中央集权制、地方分权制和均权制。

中华人民共和国成立后进行了几次教育行政体制改革，围绕中央与地方教育行政的权责分配问题曾有过几次变化，最近一次的教育行政体制改革是从20世纪80年代中期开始的，《中华人民共和国义务教育法》《中华人民共和国教育法》《中共中央关于教育体制改革的决定》《中国教育改革和发展纲要》是指导这次改革的纲领性文件。这次改革有很多成就，比如：中小学民办教育有了较大的发展，地方对教育的投入大大增加，教育法制建设有了长足的进步，等等。但总体上与设想还有很大距离，比如：权力下放的内容有限；一刀切的现象仍然存在；民办高等教育发展速度慢；等等。国家对各级各类教育管理实行中央与地方两级管理体制。基础教育实行"地方负责、分级管理"。

### 三、学前教育行政体制与改革

#### （一）学前教育行政体制

学前教育不仅是基础教育的重要根基，更是我国教育领域的核心，它肩负着结合保育与教育、教导幼儿和为家长提供服务的职责。我国的学前教育兼有教育性和福利性的双重性质。

学前教育不属于义务教育，是一项社会公益事业。到现在为止，学前教育仍没有完全由国家包办下来，学前教育也并非教育部门一家的事，社会、部门、集体、个人均应承担责任。

学前教育行政体制是教育行政体制的组成部分，从中华人民共和国成立至今，学前教育管理体制也得到了持续的构建和优化。

《中共中央关于教育体制改革的决定》充分强调了"把发展基础教育的责任

交给地方"。学前教育是基础教育体系的组成部分，其管理模式由地方政府负责，实施分级管理，并由相关部门进行分工负责。1987年，《关于明确幼儿教育事业领导管理职责分工请示的通知》明确强调了学前教育工作"必须在政府统一领导下""实行地方负责，分级管理和有关部门分工负责"。1989年，国家教委发布的《幼儿园管理条例》第一章第六条明确指出："幼儿园的管理实行地方负责，分级管理和有关部门分工负责的原则。"又一次以法则的形式将这一体制确定下来。

"地方负责，分级管理和有关部门分工负责"的体制与原则具体包含以下含义。

1.地方负责，学前教育地方化

"地方负责"强调各级人民政府的责任，各级人民政府要基于当地的具体环境，制订与当地实际情况相匹配的政策和规章制度，从而详细地规划与布局当地学前教育的未来发展。国家把学前教育事业的管理权交给地方，说明要充分调动地方的积极性和主动性，有针对性地、因地制宜地、卓有成效地办好学前教育。

2.分级管理，各负其责

所谓的"分级管理"，主要是指在面对学前教育的时候，中央、省（自治区、直辖市）、地级市、县、乡各级政府的教育部门进行分级管理。

幼儿的教育需要严格遵守政府的统一领导，除了由地方政府运营的幼儿园外，幼儿教育的发展在大多数情况下依赖于部门、单位、集体和个人，并遵循"地方负责，分级管理和有关部门分工负责的原则"。相关文件明确规定了教育部门在幼儿教育方面的具体职责，如下所述。

（1）严格落实中央和国务院关于幼儿教育的指导方针、政策和指示，制订相关的行政法规和规章制度；

（2）负责研究和制订幼儿教育事业的发展方针，并进行事业发展规划的综合编制；

（3）对各种类型的幼儿园进行业务方面的领导，并构建相应的领导与评价机制；

（4）负责组织和培训幼儿园的园长和教师，并确立相应的考核与资格认证机制；

（5）确保示范性幼儿园的良好运营；

（6）为幼儿教育的科学研究工作提供指导。

基于上述内容，我们可以明显了解到教育部门在学前教育领域扮演了主导和管理的角色。国家教育委员会作为领导机构，负责管理全国范围内的学前教育事务，其主要任务是制订与学前教育相关的国家重大政策方针；国家教委下属的相关部门，根据"统一领导，分级负责"的方针，对全国的学前教育活动进行统一的管理。

地方省（包括自治区和直辖市）、地级市的教育委员会或教育行政部门都属于行政层级，其主要任务是执行中央的决策，加强对地方学前教育的宏观管理，强化地方性法规的建设和规划，以实现学前教育工作的规范化和地方化。

县（区）和乡（街）的基层学前教育行政部门拥有管理权力，其主要任务是依据各项方针和政策，为本县乡的学前教育机构制订详细的发展计划和实施措施，并直接进行对所辖区域的学前教育的管理、领导。

3. 分工负责，学前教育社会化

学前教育涉及的领域非常广泛，因此，除各级教育职能部门负责管理外，还需要有关部门分工负责。

卫生部门有责任制订与幼儿园卫生保健相关的规章制度，并为幼儿园的卫生保健业务提供指导。

计划部门有责任确保幼儿教育的发展和建设被纳入各个层级的计划。

财政部门有责任与相关部门共同研究和制定幼儿教育经费支出的相关制度和规定。

劳动人事部门与相关部门合作，共同研究和制定关于幼儿园员工的编制、薪资、劳动权益、福利等方面的规章制度。

城乡建设和环境保护部门有责任统筹规划与居民需求相匹配的幼儿园设施，

并对相关部门和单位的建设工作进行监督。

轻工、纺织和商业部门根据不同的职责分工，负责研发、生产和供应幼儿用品。

妇联、工会及全国儿童少年协调委员会等组织发挥积极作用，参与学前教育工作的领导、管理和协调。

举办单位要本着"谁办谁管"的原则，在幼儿园的人事、经费、园舍、设备及日常行政管理方面负有责任，举办单位应依据《幼儿园管理条例》和《幼儿园工作规程》的有关条文搞好管理，使学前教育有章可循、有法可依。

### （二）学前教育行政管理体制的改革

我国学前教育行政管理体制经历了一个逐步建立健全和发展的过程。在发展过程中存在着许多问题，各教育行政部门正在下大力气进行学前教育管理体制的改革。

**1.要加强教育行政部门自身建设，健全机构**

各层次的学前教育机构要层层建设，从省、市、区、县建立一整套管理体系，各层学前行政工作要明确职责分工，提高管理的效率。目前要加强对农村及乡镇学前教育工作的指导。

**2.协调社会力量，提高学前教育管理质量**

根据国务院要求，国家有关部门的协调工作应按以下办法进行：（1）有关幼儿教育工作中的重大政策问题由国家教委牵头，有关部门参加，共同研究。（2）属于各主管部门分工负责的工作，又需要同其他部门共同研究的重要问题，由主管部门牵头，有关部门参加。学前教育机构管理人员要积极主动地与其他部门联系，依靠、调动一切积极因素，群策群力，同时加强社区联系，构建社区互动的学前教育管理体系，也要充分调动家长的积极性，主动做好对全体家长的育儿指导，包括对家长进行儿童卫生保健、心理健康教育、饮食营养、儿童生长发育等方面的指导，利用家长委员会的力量，参与、组织幼儿园的管理，献计献策，全面提高学前教育管理水平。

### 3.加强学前教育机构的管理和指导

随着我国经济和社会各方面的发展，学前教育机构的形式灵活多样，各层次的学前教育管理机构要从实际情况出发，遵循教育规律，实施有效管理。特别是农村的学前教育发展滞后的现象、部分学前教育机构管理小学化倾向严重的现象、特殊儿童及流动儿童的教育问题等要引起基层学前教育管理部门的重视。

### 4.要加强民办学前教育机构的管理

民办园是幼儿园管理体制中的重要组成部分，对促进学前教育事业的发展具有重要意义。我国过去是计划经济体制，学前教育机构基本上是公办性质，没有个人办的。改革开放以后，特别是实行市场经济体制后，政府鼓励个人和民间投资办教育，民办幼儿园增加速度很快，逐渐成为学前教育管理体制中重要的组成部分，有些地区公办幼儿园数量减少，民办幼儿园数量增加，甚至以民办幼儿园为主，但有些地区缺乏对民办幼儿园的管理，造成一些民办幼儿园条件简陋、乱收费、教师素质低，严重影响了民办幼儿园在社会上的声誉，所以应该加大对民办幼儿园的管理力度，制订民办幼儿园的管理制度，纳入规范的管理体制，要有针对性、指导性地管理好民办幼儿园。

针对民办幼儿园管理中存在的问题，政府应给予足够的重视，并需要加强宏观经济调控，迅速实施有效的管理策略。在政府层面上要做到以下几点。

（1）完善行政领导体制，建立幼教管理网络，实行对口管理，权责统一

在当前的教育管理部门中，幼儿教育并没有得到应有的重点关注，大部分地方的幼儿园都是由基础教育处管理的。基础教育处的主要工作已经转向了中小学，因此，幼教管理人员不仅要负责管理他们所负责区域的幼儿园，还需要与其他科室人员合作，确保中小学的管理工作得到妥善执行。在多个地区，幼儿教育的管理人员不足，很多切实可行的管理措施难以付诸实施。在广大的农村地区，幼儿教育的行政力量更加薄弱，所以完善幼教管理体制，建立幼教管理网络势在必行。

在责权的关系上，管理学中强调要责权统一。必须确保职能部门所持有的权力与其所肩负的职责是相匹配的。民办幼儿园既受到社会力量办学部门的管理，也受到基教处幼教室的监督管理，但目前的情况是，社会力量办学管理处只掌握着权力而不承担责任，而基教处幼教室则承担责任却没有对应的权力。所以说，在实际操作中，常会出现各种问题。总的来说，为了能够有效地管理民办幼儿园，最为关键的一点就是需要对各个管理部门的具体职责加以明确，并实施归口管理，确保权责一致。

（2）依法管理，严把准入关

政府有责任根据相关的法律和法规，对民办幼儿园的设置进行管理。通过严格的审批程序，明确私营幼儿园设置要求，并重点审查民办幼儿园的办园经费与各类物质条件，以消除其中存在的教育隐患。并且，政府还需要以国家和社会发展变化的具体需求为依据，对民办幼儿园的设置进行管理，或鼓励或限制，通过严谨的宏观调控的方式，确保办园的合理化。

（3）合理布局，提高教育生态效益

在对幼儿园进行规划的时候，核心目标就是构建一个有着合理布局的教育生态系统，确保幼儿园的分布能够满足一定区域内的社会教育需求，也能够与该区域内的资源供应实现动态平衡，这样可以确保所有适龄的幼儿都能够获得相应的教育。幼儿园合理布局的主要目的是创建一个健康、有序且合理的教育生态环境。对于政府来说，民办幼儿园的整体发展需要得到宏观管理，以确保不同区域内的幼儿园在数量和分布上足够合理。政府在制订政策时，需要始终坚守适应性和平衡性的原则，对行政或自然区域内的教育和教学环境进行深入分析，并研究当前教育生态系统的覆盖范围；对于某些城市或小镇而言，幼儿园的布局规划应当与城市的整体发展规划、城市区域的改造以及区域划分的调整等多个方面紧密结合。在幼儿园的设置管理方面，我们需要努力确保在类别、数量、规模和分布等多个方面，都与各个社会子系统的发展情况维持动态的平衡。

5.加强民主管理

现代管理理论认为，组织中的每个人都是主人，不存在高低贵贱之分，人人都要参与管理，民主管理才是真正意义上的管理。学前教育管理部门要充分调动所有因素的积极性，管理的目的不仅是提高效率，达到组织的共同目标，更是激发组织和组织中每个成员的潜能。学前教育管理部门对不同类型的幼儿园都应该努力去扶持，在管理方式和评价方式上要灵活，营造一个良性的竞争氛围，去调动、鼓励、扶持而不是压制、打击，主管部门要提供协调、服务、信息、宣传，在供需之间架起桥梁。

加强民主管理要注意以下几个方面工作。

（1）要尊重教师的主体地位

开展幼儿教育目的是根据特定的社会需求，培育未来的一代，使他们可以成长为社会真正需要的人才。幼儿园的教师扮演着学前教育的执行者角色，他们负责对儿童进行全方位的教育和培养。在教师的指导和启示下，儿童在饮食、生活习惯、智力和知识等多个方面都得到了全面发展。孩子们的道德观念和行为模式都是直接受到教师影响的，他们的兴趣、爱好以及情感和性格的形成都会受到与他们长时间相处的教师的影响。教师不仅是儿童认知成长和实现社会适应的引导者，还是负责照顾其日常生活的人，以及确保其身心健康的人与共同进行游戏的伙伴。在幼儿园的日常工作中，始终强调需要建立以人为本的管理理念，确保教师在管理中占据核心位置，满足教师多样化的需求。同时，管理人员与教师之间需要建立健康的人际关系，以充分激发教师工作的积极性、主动性和创造性，并促进他们潜在工作能力的发挥。随着现代科技的持续进步，现代科技在教育教学中的应用越来越广泛，因此，更新教师的观念和知识体系迫在眉睫。素质教育与创新教育中最为重要的都是确保教师的素质能够获得进一步提升，以期培育一批全方位发展的高质量教师团队。

（2）尊重教师的职业特点

幼儿园教师的职业特点：①教育对象的主动性、幼稚性。②教育任务的全面性、启蒙性。③教育内容的生活性、细致性。④教育过程的创造性。⑤教育手段的主体性。所以说，我们必须尊重幼儿教师的职业特性和他们的劳动贡献，深刻明白教师教育质量的高低直接影响到未来人才的早期培养质量，这不仅与幼儿园的生存和发展息息相关，也关乎国家的未来。

（3）提高教师的整体素质

随着时代的快速发展，各类知识都在不断更新，幼儿教师在职前接受的教育已经无法满足现代教育需求，并且教师的专业素质也在日积月累的教育和教学实践中得到了持续性的提升。所以说，要想获得更好的教学效果，就需要进一步强化对教师的培训。与此同时，对于大部分教师来说，追寻新的知识成为一种普遍的心理追求。现阶段，众多幼儿园高度重视对教职工团队的培养和发展，努力提升教师的综合能力。在教师培训的过程中，会根据每位教师的独特表现，制订各种培训策略并选择相应的重点，以确保教师在职前和职后都得到充分的培训。

6.加强用人机制的建设

为了正确地选拔和使用人才，我们需要建立合适的选拔和用人机制，确保每个人都能发挥其最大潜能。在选择新员工之前，幼儿园需要对其现有的工作岗位进行深入的科学分析与规划，进而确定每个岗位所需的人员类型，以确保教学位置上是最合适的人才。在进行招聘的过程中，幼儿园需要出具详细的职务描述与用人需求，使应聘者能够对相关职业有着清晰的认识，进而帮助幼儿园实现合理用人。用人和选人要遵循注重实效、用辩证的观点看人、量才使用、适时用人等原则。

7.加强法治意识教育和宣传

学前教育同样要依法治园，全体学前教育工作者要学法、守法、护法、讲法，要增强法律意识，要学习有关的法律法规文件，例如教育法律、教育行政法规、地方性教育法规等有着行政法律效力的规范性文件，增强教育法律意识，提高遵守教育法规的自觉性。

学前教育法制建设对于学前教育管理事业起着非常重要的作用，它可以确保学前教育管理的重要地位；赋予学前教育行政管理活动以法律依据，通过学前教育法制建设，学前教育的管理就有了机制的保障，就可做到有法必依、违法必究；可以规范学前教育不同形式机构兴办过程中各类人员的行为；也有助于调节学前教育机构与外部的关系。

8. 要不断改革创新

美国管理学者阿里·德赫斯做过一项研究，那些曾一度位居财富500强的大公司，平均寿命只有40~50年，他对那些"百年老店"作了深入研究，发现善于变革，而且主动、持续地推进变革是这些单位长寿的秘诀。时代在呼唤着能够适应时代变化、不断改革创新、敢于挑战的团队。今天，我们所处的时代发生了很大的变化，经济全球化发展的大趋势向社会生活的各个方面提出了挑战；信息技术和互联网的发展标志着一个新时代的到来，改变了我们的生活方式和生存方式，建设数字化、智能化、网络化的幼儿园是未来的趋势；人类进入学习型社会，这要求社会各个组织都要成为学习型组织；传统工业经济向知识经济转变。一个组织的生存和发展所面临的外部环境日趋复杂、竞争日益激烈，一个组织只有苦修内功，不断变革，深化管理，提升管理的竞争力，才能适应环境的变化，保证机体的鲜活。

9. 探索新形势下的学前教育管理机制

我们应该以社区为基础，由政府进行整体规划，由教育部门负责管理，以教育部门的示范园和由社会各界组织的示范园为核心，确保社区和家长共同参与其中。除教育部门主办的示范园外，还要积极指导和扶持一批社会力量主办的示范园，增加优质的教育资源。

教育部门要切实履行职责，继续发挥主管部门的作用，履行规划与综合协调的职能，履行法规建设与依法治教的职能，履行对教育质量评估与管理的职能，履行教师队伍建设的职能。

# 第二节　学前教育管理的方法

学前教育管理的主体具有多层次性，能否较好地实现教学目标，真正促进幼儿的发展最重要的还是抓好幼儿园自身对教学的管理。学前教育管理水平直接与教学建设的水平和实施成效联系在一起。下面是一些学前教育管理的方法。

## 一、调查法

调查法是通过收集大量的学前教育管理方面的客观资料，经过科学分析，发现问题、揭示规律、形成科学认识的过程。

调查法包括调查和研究两个过程，调查是用访谈、问卷等方法收集有关学前教育管理方面的资料，研究是对这些资料进行科学的整理和理论的分析。

## 二、实验法

实验法是一种研究手段，其中研究人员有针对性地、合理地控制或创造特定条件，并主动地调整措施，以探究学前教育现象之间的因果联系。

实验法的基本特征是：因果关系的推论、进行自变量的操作、控制无关变量。在学前教育管理中有很多有关这方面的实验研究，如"创设与教育相适宜的环境研究""幼儿开放教育研究""意大利瑞吉欧教育体系中国化研究"。

## 三、规则引导法

规则引导法是一种管理方法，旨在通过制订规则来对幼儿的各类行为进行一定的引导，确保他们的行为与集体活动的目标和要求一致，同时也要保证幼儿的个人安全，且不会对他人构成威胁。对于班级中的幼儿，这是最直观且经常被采用的管理方法。

操作规则引导法的关键步骤如下所述。

（1）规定中的所有内容必须清晰且易于执行。

（2）应该帮助幼儿积极进行实践，确保他们在各种活动中能够熟练掌握各种规则。

（3）教师需要确保教学规则维持一贯性。

## 四、情感沟通法

情感沟通法是一种教学方法，旨在对教师与幼儿、幼儿与幼儿以及幼儿对环境的情感加以激发并进行利用，从而对幼儿的具体行为进行一定程度上的影响。

情感交流的关注核心在于以下几点。

（1）在日常生活和教育的过程中，教师需要密切关注幼儿的情感反应。

（2）教师需要定期为幼儿提供移情方面的训练。

（3）作为教师，需要确保自己始终处于一个亲切和友好的状态。

## 五、互动指导法

互动指导法就是发挥幼儿园的教师、幼儿和环境之间的互动作用的方法。

在使用过程中需要留意的细节包括教师对幼儿互动指导的适当性、适时性、适度性。

## 六、榜样激励法

榜样激励法是一种通过建立引导幼儿学习的榜样，以规范他们的行为，进而实现管理目标的手段。

如何正确使用，如下所述。

（1）在选择榜样时，应确保有健康、形象和具体的特征表现。

（2）在班级集体环境中，树立好的榜样应当有着公平、公正的表现特征。

（3）若幼儿展现出了可以作为其他幼儿榜样的行为，教师就需要迅速作出相应的反应。

## 七、目标归纳法

目标归纳法是一种以行为成果为最终目标的管理方式，旨在引导幼儿走向正确的行为方向，并对他们的行为方式进行一定程度上的规范。基于行为预期的结果，目标指引法的核心特性是引导幼儿主动判断其行为的正确与否。

需要特别留意以下几点。

（1）设定的目标必须是清晰且具体的。

（2）设定的目标必须是实际可操作的，并且需要表现出一定的吸引力。

（3）需要清楚地看到目标与行为之间的联系。

（4）我们需要关注个人和团队的目标，并努力将这两种目标进行有机结合。

## 八、经验总结法和行动研究法

经验总结法是一种以从事学前教育管理实践的专业人士为核心，对学前教育管理中的工作进行回顾，并加以深入的分析研究，进而将教育管理措施、教育现象以及教育效果之间存在的关系的认识提升到更为理性的理解层面的方法。所有的学前教育管理工作者都可以通过这种方法对自己的实践活动进行总结，这个过程的总结可以是成功的经验，也可以是失败的教训，这样可以丰富和发展学前教育管理。行动研究法是一种由研究人员对学前教育工作者在日常活动中遇到的和亟待解决的问题进行研究的方法，这个方法的实施过程是研究过程也是实践过程，是研究和行动的结合。

## 九、文献研究法

通过查阅相关的文献资料，了解学前教育管理学的研究现状、发展趋势等，从而为后续的研究提供理论支持和借鉴。

# 第三节 学前教育管理中的规章制度

## 一、规章制度的意义和内容

### （一）规章制度的意义

规章制度指的是特定的社会组织通过具体条款来制订的，旨在规范该组织的各种工作和组织成员的行为的各类规则、章程和制度的统称。制度不仅是组织活动的基础准则，也是确保任何组织都能够正常运作的关键。

人是自然的实体，具有自然属性；同时人又是社会实体，具有社会属性。在社会中，任何个人、组织、社团、政府无不在制度体系中存在着，没有规矩不成方圆，这是不以人的意志为转移的客观规律。

学前教育机构虽然不大，但麻雀虽小，五脏俱全，工作繁杂，如果没有制度规章的约束，各自为政，各行其是，机构将会混乱无序。规章制度是学前教育机构的"法"，它旨在将各种任务和不同人员的需求进行有组织、有条理的整理，并明确规定了必须遵循的具体条款。

学前教育机构所遵循的规则和制度是科学管理的重要保证，可以保证正常教学工作秩序，可以使所有的人员有章可循、有法可依、各负其责、各司其职；有助于培养全体人员良好的工作作风，增强他们的责任感；有利于调动所有人的积极性；有利于形成良好的风气和氛围；有利于提高管理的工作效率。

### （二）学前教育机构规章制度的内容

学前教育机构规章制度可以从不同的层次进行分类，通常分为两个主要层次：一是由国家立法机关和各级教育行政部门共同制订的规章制度，例如《中华人民共和国教育法》《幼儿园教育指导纲要（试行）》《幼儿园管理条例》等，这是国家和各级政府宏观管理各级各类学前教育机构的法令、法规，是学前教育机构必须贯彻执行的。二是学前教育机构根据国家的法律以及教育行政部门的相关规定，独立制定的相应的规章和制度。幼儿园的规章制度主要包括岗位责任制、全园性的规章制度、部门性的规章制度、考核和奖励制度。

1. 岗位责任制

岗位责任制也是一种管理制度，它明确规定了不同工作岗位的职责和功能，并确保这些职责得到完美落实，它要求明确各种岗位的工作内容、数量和质量、应承担的责任等，以保证各项业务活动能有秩序地进行，能使全体组织成员在其位、行其事、尽其责。

岗位责任制是幼儿园各项规章制度的核心，是其他制度贯彻执行的保证，是实行科学管理的重要措施，制定岗位责任制能够使人人有专责、事事有人管、办事有标准，形成人人尽责的良好风气。

制定幼儿园岗位责任制要按照国家和教育行政部门所规定的统一要求，要根据幼儿园的性质、规模以及人员编制等具体情况和实际需要来制定。

以下为某幼儿园部分人员岗位职责的实例，可供借鉴参考。

园长的岗位职责：

（1）认真履行职责，严格执行各种规章制度，勇于批评和自我批评，忠于职守，以身作则，严以律己，为全体教职员工起表率作用。

（2）认真完成各级管理部门布置的工作任务，督促幼儿园全体教职员工做好本职工作。团结教育全园教职员工，共同努力实现幼儿园的工作目标。

（3）负责组织、检查、指导、评估全园工作人员的工作情况。

（4）深入实际，组织好幼儿园的教学教研活动。定期检查教师教案，经常深入孩子们的活动之中，及时向教师反馈，以提高教学水平。

（5）全面关心幼儿的生活，重视幼儿身心的健康和谐发展，指导好幼儿的膳食、活动、生活等。

（6）根据幼儿园的实际情况，办出本园的特色，扩大社会影响，创造良好声誉。

（7）坚持勤俭办园的原则，严格执行采购、报销制度，认真审核园内经费开支。督促有关人员管理好园舍及一切财产。

（8）全面负责全园的工作计划，总结工作，及时向有关部门汇报幼儿园的工作情况。

（9）负责做好幼儿家长的工作，教师应定期听取家长们的建议和反馈，从而优化自身工作。

（10）重视关心全体教职员工的生活和工作，实行民主管理，充分调动所有人员的积极主动性，同时对教职工进行常规考勤检查、业务考核、工作考评及聘任和调配人员的工作安排。

幼儿教师的职责：

（1）热爱幼儿教育事业，对所有幼儿都做到热情、关心和尊重。教师应当对所有幼儿做到同样的关心与爱护，绝不采用任何可能损害幼儿身心健康的不良教育手段。

（2）严格执行教育政策，根据幼儿园设定的工作目标，全力以赴地进行班级教育和幼儿培养，以确保幼儿在身体和心理方面都能健康成长。

（3）为儿童做好每一天活动的一切准备工作，如保持室内空气新鲜，做好教学中的教具准备、活动时的玩具和场地准备、进餐时的餐具准备等。

（4）认真组织好幼儿的每一次活动，认真严格执行幼儿一日作息制度的各项要求。

（5）认真参加集体备课，钻研业务，积极参加教科研活动，通过科研提升自己的教育教学及管理水平。

（6）灵活处理各种突发事件，并及时向有关领导汇报，确保每件事都得到良好的处理。

（7）需要加大对幼儿的安全教育力度，并在日常生活中不断提醒他们确保户外活动安全，同时也要确保幼儿园内外幼儿的安全，以避免任何不良情况出现。

（8）热心地欢迎家长的到来，礼貌待人。及时与家长沟通儿童在园的情况，做好家园联系工作，认真填写家园联系簿，对于缺席的幼儿当日要及时家访并做好家访记录，对于有病需吃药的孩子要随时做好记录。

（9）重视环境育人，注意美化教学环境，定期整理布置教室。认真管理班级财产，做到不损坏、不丢失。

（10）在学期开始时，教师必须精心策划教学方案，确保各项教育活动都能够按照计划推进，还需要对所有活动进行详细的记录，以便教师对自身工作进行反思与总结。

（11）务必重视对幼儿在各个方面的兴趣、爱好以及潜在能力的发掘和培育，做好幼儿良好行为习惯的养成教育，重视培养幼儿良好的个性品质，重视对幼儿进行情感教育。

总务主任的工作职责：

（1）认真履行职责，严于律己，忠于职守，以身作则，有强烈的责任感和服务意识。

（2）负责抓好后勤人员的思想、政治和业务工作，树立"为幼儿、为家长、为教学服务"的指导思想，全心全意、保质保量地做好后勤服务工作。

（3）勤俭办园，计划开支，杜绝贪污浪费现象。采购要经过三人以上签字，并及时向园长汇报工作情况，重视教育全园教职员工和儿童爱护幼儿园的一草一木，节省开支，勤俭持家。

（4）严格执行幼儿园的购、储、借、还、赔等制度。

（5）严格执行报销制度，严格审批手续，杜绝违规现象出现。

（6）建立财产管理账册，协助保管定时盘点园内财产、物品，并保证财产、物品使用的去向明确。

（7）定期检查园舍、设备、运动器具等的保养情况，及时进行必要的维修，确保幼儿安全使用，杜绝事故发生。

（8）加强伙食管理，重视儿童的营养摄取和卫生安全，做到勤了解、勤观察、勤督促、勤检查、勤调整。

（9）每月向园领导、全体教职员工、全体家长公开各种财务、伙食情况表，以便征求各方意见，不断改进工作。

（10）严格审查幼儿入园手续，严格执行收费制度。

保健员的工作职责：

（1）热爱幼儿教育事业，一切为了儿童，要有强烈的责任感，做好儿童的卫生保健工作。

（2）细心观察每一个儿童，组织相关人员按时晨检，晨检坚持做到一摸、二看、三问、四查、五处理，力求避免漏检。每天做好记录，发现问题及时处理并向园长报告情况。

（3）负责组织做好预防接种、体检等工作。发现传染病、流行病要及时采取防治措施，以保护幼儿健康。组织好定期的幼儿和教职员工的体检工作。在幼儿入园、教师调转等环节要认真把关。

（4）妥善保护管理药物卫生用具等，经常检查这些物品的有效期，保证幼儿安全用药。

（5）负责督促全园室内外清洁卫生消毒工作，对厨房用具、幼儿餐具、幼儿玩具、教学用品、厕所等要每日清洁消毒，必须做到认真、及时，确保为幼儿创设一个安全的环境。

（6）做好每日餐点的营养计算，为总务后勤采购提供科学依据。

（7）及时向家长宣传科学育儿常识，特别是有关营养的调配和改善幼儿膳食等方面的知识，同时要重视做好儿童的心理健康教育工作。

2. 全园性的规章制度

根据总体目标，幼儿园要制订指导全园教职员工集体活动的规章制度，使全园有统一的指挥、统一的规范，比如全园教职员工的出勤考核制度、定期的政治理论业务学习制度、交接班制度、值班制度、儿童入园制度等。

### 3.部门性规章制度

为了更清晰地界定各个部门的工作职责和任务，并更好地进行幼儿园的科学化管理，有必要构建和完善各部门的规章制度，例如保教工作制度（备课、计划、总结、教研活动等制度）、总务管理制度（财务管理、财产管理、档案资料管理等）等。

### 4.考核与奖励制度

为了更好地保证各项规章制度的贯彻执行，使各项规章制度不流于形式，幼儿园要对各类人员执行规章制度的情况给予及时检查、适当奖惩，惩罚不是目的，而是通过惩罚达到激励的作用，调动全体人员的积极性。

需要注意的是，幼儿园要从积极方面建立考核制度，尽可能地使考核制度激励全体人员努力为之工作，而不是成为束缚。考核制度不是为了约束员工的行为，而是为了强化他们的优势，以优带弱。比如，有的幼儿园设立全勤奖，鼓励那些不迟到不早退、严格遵守工作时间的人员；有的幼儿园设立工作质量奖，根据职工在教养工作、卫生保健、后勤服务等方面取得的成绩评定奖金；有的幼儿园尝试运用一些现代化的手段和新的方法，将网络引入现代管理之中，比如可以建立网络信息发布制度，以保证人员间的相互沟通等。

幼儿园管理者要根据实际情况，制订切实可行的考核和奖惩制度，调动全体人员的积极性，将工作情况与奖惩结合起来，保证各项规章制度的贯彻执行，促进幼儿园工作质量的不断提高。

### （三）园长负责制

幼儿园的领导体制在管理层面上起到了关键的作用，它是幼儿园管理的重点，并具有主导性。我国的幼儿园管理制度的内容是：全面实行园长负责制，加强幼儿园党的建设，发挥基层党支部的保证监督作用，建立和健全教职工代表大会制度，加强民主管理和民主监督。改革的核心内容是全面实施园长负责制。

1. 园长负责制的含义

园长负责制是指幼儿园工作由园长统一领导、全面负责的幼儿园组织制度。

2. 园长负责制的结构

根据《中共中央关于教育体制改革的决定》，对幼儿园的领导关系与领导结构作了具体规定。

（1）园长全面负责

园长是幼儿园的法人代表，园长对幼儿园的重大问题具有决策指挥权，有用人权及监督权，有权对幼儿园的办园方向、教育质量、行政管理实行统一领导，全面负责。

（2）党组织保证监督

随着园长负责制的实施，幼儿园党组织主要起保证监督作用，党组织要监督党和国家的方针政策的贯彻执行情况；要尊重和支持园长依法正确行使职权，维护行政的统一领导指挥，同时积极参与对幼儿园中的关键问题进行决策的工作。需要通过教育来激励大众，激发他们的工作热情，确保思想政治教育得到有效实施，强化党的思想和组织建设，并确保党组织充分展现其先锋模范的角色定位。负责组织和领导教代会、工会、共青团等群众性组织的各项工作，充分发挥在组织、团结和教育群众方面的辅助作用。

（3）教职工民主管理和民主监督

在实施园长负责制的过程中，应建立园务委员会制度，园长要定期召开园务委员会议，对全园工作进行审议。

园长负责制实际上是园长需要对园所的各项工作承担全部责任，而党的基层组织则起到监督的作用，同时教职工也需要参与到管理中来，这三者紧密结合，共同构成了一个完善的领导结构。

## 二、制订和编排规章制度的基本要求

规章制度的制订应注意以下几个方面的要求。

### （一）政策性

党和政府的各项方针政策和《幼儿园指导纲要（试行）》《幼儿园工作规程》《幼儿园管理条例》等相关文件，构成了制订学前教育规章制度的核心参考依据，它体现了国家对学前教育工作的根本要求，学前教育工作只有符合这些要求，才能与国家政策协调一致，才能真正体现国家对人才的要求。

### （二）可行性

规章制度要依据教育行政部门的要求，同时也要考虑本地的实际情况，充分发扬民主精神，共同研究制订，以保证规章制度具有适应性和可行性，要求过高或过低、不符合实际的规章制度起不到应有的作用。

### （三）简明性和严肃性

规章制度要力求简明扼要，便于理解、记忆和执行，也便于领导督促和检查。同时规章制度制订好以后要保持稳定，不能朝令夕改，以保证其严肃性。

## 三、规章制度执行时应注意的问题

### （一）做好宣传工作

规章制度制订好后，领导要反复讲解，宣传教育，使所有的人员都理解和掌握规章制度的条款，以便认真贯彻执行。

### （二）执行时要严肃认真

领导者要以身作则，率先垂范，为群众树立良好的榜样。在制度面前要一视同仁，公正平等。要定期检查评比，有奖励，有惩罚。

### （三）执行时要持之以恒

规章制度的执行要有章必循，避免前紧后松，要多督促多检查，形成习惯。同时在执行时要不断总结，对内容进行调整和充实，使之更加完善。

# 第四节 幼儿园组织机构的设置

## 一、幼儿园组织机构概述

建立科学的、符合实际需要的组织机构是进行科学管理的重要条件，是实现幼儿园目标的组织保证。

幼儿园的组织机构包括行政组织与非行政组织。行政组织是指园长领导下的办事机构。非行政组织包括党、团、工会组织和其他群众组织。行政组织健全，非行政组织完善，管理才能行之有效。

### （一）幼儿园组织机构设置的依据

应依据上级有关规定，参照《幼儿园工作规程》《幼儿园管理条例》中的有关规定设置园所机构。

机构设置要从实际出发，因园制宜，要根据幼儿园的规模、类型、性质、环境、人力、经费等条件来确定。

职能部门要精兵简政，保证保教人员的配备。

### （二）幼儿园的行政组织机构

幼儿园的行政组织机构，是在园长领导下，为实现幼儿园保教工作目标，保证保教活动顺利开展，对幼儿园人力、物力、时空、信息施加管理的办事机构，幼儿园的各项工作可以划分为保教工作、卫生保健工作以及总务后勤工作。在幼儿园中，其基础行政单位是班级，为实现幼儿的教育工作，班级需要接受园长和保教主任领导。

### （三）幼儿园的非行政组织

党的基层组织党支部有责任监督幼儿园的发展方向，同时担负着对教职员工进行思想政治教育的任务。全体党员要充分发挥先锋模范作用，身先士卒，团结全体教职员工共同完成保教工作任务。共青团组织、工会组织等要重视调动全体团员和工会会员的积极性，发挥管理助手的作用，组织丰富多彩的活动，从各方面促进幼儿园工作的开展，以实现幼儿园的工作目标。

## 二、实行分层管理

为了充分发挥幼儿园的组织功能，有必要实施分层管理，确保各级各部门间的关系清晰、职责和权限划分明确。管理层次因幼儿园的规模大小而有所不同，但一般来说，大多分为三层，称为三级管理。

第一层为园长层，为指挥决策层，包括园长、副园长、党组织和工会的基层组织负责人在内的领导层。

第二层是中间层，为执行管理层，包括各部门的负责人，他们在管理系统中具有承上启下的作用。

第三层是基层，为执行层或具体工作层。

在整个分层管理过程中，领导者要注意使各级人员职、责、权统一，做到责任到人，权力到人，上下管理层次分明，各司其职，各负其责；同时各平等部门之间要处理好关系，做到既分工又合作，团结一心，协调一致。

## 三、幼儿园的人员编制

关于城市幼儿园各类人员的配备标准，可参照国家教委 1979 年颁布的《城市幼儿园工作条例》的有关规定：

（1）关于幼儿园园长的配置情况：一般情况下，拥有 3 个或更多班级的幼儿园需要 1 名园长和 1 名行政助理；拥有 6 个或更多班级的幼儿园需要园长和副园长各 1 名，以及行政助理 1 名。

（2）关于保教人员的配置：全日制幼儿园的每个班级都应有 2 名教养员和 1 名保育员；寄宿幼儿园的每个班级都应配备 2 名教养员和 2 名保育员。

（3）炊事员的配置：每 40 名幼儿（每天三餐一点）配备 1 名炊事员。

（4）医务人员的配置：寄宿制的幼儿园，若拥有超过 100 名幼儿，则应设置 1 名专职医生和 1 名护士或 1 名保健员；若超过 50 名幼儿，则应设置 1 名兼职的医生或护士。全日制的幼儿园，若超过 100 名幼儿，则应设置 1 名护士或保健员；当幼儿数量少于 100 名时，则应设置一名兼职的护士或保健员。除了上述的人员配置外，还应根据幼儿园的规模，设置全职或兼职的财会人员以及其他相关工作人员。

# 第五章 学前教育保教工作管理

本章为学前教育保教工作管理，介绍了学前教育保教工作的地位与原则、学前教育保教工作管理的程序、班级保教工作管理、学前教育课程管理四个方面的内容。

## 第一节 学前教育保教工作的地位与原则

一直以来，我国的幼儿教育始终奉行保育和教育相结合的原则。1903 年张之洞等人草拟并于 1904 年颁布的《奏定学堂章程》中就包含了《奏定蒙养院及家庭教育章程》。该章程将蒙养院定为幼儿公共教育机构，保育教导 3～7 岁儿童，每门受教时间为 4 小时，保教的目的在于"发育其身体，渐启其心知，使之远于浇薄之恶风，习于善良之轨范；当体察幼儿身体气力之所能为，心力知觉之所能及；务留意儿童之性情及行止仪容，使趋端正；儿童性情极好模仿，务专意示以善良之事物，使则效之"[①]。强调在蒙养院的教育工作中要注重对幼儿实施保育。

解放战争时期，为适应新形势，陕甘宁边区政府成立了托儿所、保育院，坚持保育和教育相结合的原则，对儿童实施全面教育，培养幼儿良好的行为习惯，对幼儿进行礼貌的训练、秩序的训练、独立生活能力的训练、为群众服务的训练，并使他们改正一些不良的习惯。

中华人民共和国成立后，我国的幼儿教育在一定程度上承袭了老解放区的经验。虽然在不同的历史时期保教的侧重点有所不同，但始终坚持保育和教育相结

---

① 张援，章咸. 中国近现代艺术教育法规汇编 1840—1949 新版 [M]. 上海：上海教育出版社，2011.

合的原则。为了加快社会主义建设步伐，中央提出了向苏联学习的方针，进行教育改革。1950 年 9 月，苏联学前儿童教育专家戈林娜在北京师范大学教育系任教，在她的指导下，我国拟定了《幼儿园暂行规程》和《幼儿园暂行教学纲要》，明确了幼儿园教养并重的方针，规定幼儿园每班设教养员两人，生活助理员一人。1990 年，国家教育委员会颁布了《幼儿园管理条例》，明确了保育员的用工标准：保育员应当具有初中毕业学历，并受过幼儿保育职业培训。进入 21 世纪，党和国家更加重视幼儿教育，始终坚持保教并举、保教结合的原则。

## 一、保教工作在幼儿园管理中的地位

保教工作是幼儿园教育的中心任务。保教工作做得如何，反映了幼儿园的水平，也直接影响着幼儿园的教育质量。

### （一）保教工作是幼儿园双重任务的核心

《幼儿园工作规程》第二条明确规定了幼儿园工作的性质和任务："幼儿园是对三周岁以上学龄前幼儿实施保育和教育的机构，是基础教育的有机组成部分，是学校教育制度的基础阶段。"[①]《幼儿园教育指导纲要（试行）》要求："幼儿园必须把保护幼儿的生命和促进幼儿的健康放在工作的首位。"[②] 这体现了健康教育在幼儿教育中的重要性。幼儿的健康是第一位的，幼儿没有健康的体魄，就没有今后的发展。而为幼儿创设良好的生活、学习环境、教育环境，科学合理地安排组织幼儿的一日生活，提高幼儿的健康水平，预防和减少疾病以及意外事故的发生，是学前教育最基本的任务，也是幼儿园保育工作中最基本的任务。保教并重的原则是对幼儿实施有计划、有目的的教育，并使幼儿在体、智、德、美诸方面都得到健康和谐的发展。因此，幼儿园保教管理工作是整个管理的核心。

---

① 教育部.幼儿园工作规程 [R/OL]（2016−02−29）[2024−10−18].http://www.moe.gov.cn/srcsite/A02/s5911/moe_621/201602/t20160229_231184.html?url_type=39&object_type=webpage&pos=1.
② 中国政府网.教育部关于印发《幼儿园教育指导纲要（试行）》的通知 [R/OL]（2001−07−02）[2024−10−18].https://www.gov.cn/gongbao/content/2002/content_61459.htm.

《幼儿园工作规程》第三条指出："幼儿园的任务是：实行保育与教育相结合的原则，对幼儿实施体、智、德、美诸方面全面发展的教育，促进其身心和谐发展。幼儿园同时为家长参加工作、学习提供便利条件。"也就是说幼儿园承担着教育幼儿和为家长服务的双重任务。幼儿园的双重任务是相辅相成的。作为教育机构，保教幼儿、促进其身心健康发展应是幼儿园的主要任务，是设立幼儿园根本目的。幼儿园正是通过保教好幼儿而实现为家长服务的目的。因此，保教工作是幼儿园双重任务的核心。

幼儿的年龄特点决定了幼儿园教育的独特性，主要体现在保育工作与教育工作相结合上，二者是相互融合、同步进行的，即保中有教，教中有保。

**（二）保教工作是幼儿园全部工作的中心**

保教工作是幼儿园全部工作的中心，这是由幼儿园的性质和任务决定的，也反映了幼儿园工作管理的特点和规律。

幼儿园工作主要包括保教工作、卫生保健工作、总务后勤工作、师资队伍的建设等。其中，保教工作是全部工作的中心，这是因为：

第一，幼儿园是教育机构，教育幼儿是其最主要的任务，其他工作都是为教育工作服务的。卫生保健工作保障幼儿有一个健康的身体，可以更好地接受教育；总务后勤工作提供完善的物质条件和良好的环境，以确保教育工作的顺利实施；师资队伍建设塑造高素质的教师，为提升教育质量提供人力保障。

第二，幼儿园的教育目标是培养人才。《幼儿园工作规程》第二条指明幼儿教育是我国教育大系统中的子系统，是基础教育中的基础，是培养人才的第一关，保教工作是培养人才最直接的工作，其他工作都是围绕保教工作而展开的，保证保教工作质量是保证幼儿全面发展目标得以实现的前提。因此，必须将保教工作放在中心的位置上。

第三，幼儿园保教工作目标对其他工作目标具有很强的导向作用。每所幼儿园总是先确定保教目标，然后再根据保教目标确定其他工作的目标，如卫生保健工作目标、总务后勤工作目标等。可以说，其他工作目标都是围绕保教工作目标而展开的，其目的是保证保教工作目标的实现。

保教管理工作是对幼儿园保教工作的管理，保教工作在幼儿园整体工作中的中心地位决定了保教管理工作是幼儿园管理的核心和关键。

## 二、幼儿园保教结合的原则

### （一）保教结合原则的含义

保教结合是一个整体概念，充分体现了教育对个体全面发展的整体影响。

"保"即保护幼儿的健康，那么何为健康呢？世界卫生组织给予现代健康一个较为完整的解释："健康不仅指一个人的身体没有出现疾病或虚弱现象，而且是一个人生理、心理和社会适应的完好状态。"也就是说现代健康是一个多元的、广泛的概念，它包括身体健康、心理健康和社会适应性三个方面，幼儿园的保育工作就要注重幼儿这三个方面的健康。具体来说，保护幼儿的身体健康主要包括照料幼儿的生活、保证供给幼儿生长发育所必需的营养物质、执行合理的生活制度、预防疾病及事故、开展丰富多彩的体育活动，增强幼儿的体质，使他们拥有健康的体魄；保护幼儿的心理健康要注重幼儿认识、情感、意志、人格等方面的协调发展；社会适应方面指培养幼儿探索环境、适应社会的能力，使幼儿掌握与他人交往的技巧。

"教"即幼儿园的教育教学。具体来说，就是按照德、智、体、美的要求，有目的、有计划、有系统地创设良好的环境，合理安排幼儿的活动，培养幼儿良好的生活和学习习惯，丰富幼儿的知识和经验，发展幼儿的智力，增强幼儿的社会适应性，对幼儿进行全面发展的教育。

"保"侧重于生活照料，"教"侧重于心智活动。因为幼儿是一个身心和谐统一的生命个体，因此"保"和"教"是幼儿教育整体中不可分割的两个方面。"保"中有"教"，"教"中有"保"，保教相互渗透、相互影响，正如《发展中国家儿童保育和教育计划》一书中所描述的那样：尤其对幼儿，照料与教育对他们来讲，就像纬线和经线一样紧密地交织在一起。这里所提的"照料"就是保育的意思。

"保"中有"教"，意味着保育中包含着教育的因素。现代意义上的保育不能像过去一样仅侧重于保护幼儿的身体健康，使他们免受伤害，使幼儿处于被动接受、消极防范的状态，而应当在保护幼儿健康的同时注重对幼儿进行健康教育，激发幼儿的积极自主性，提高幼儿的生活能力，使幼儿树立安全意识，掌握自我保护的简单措施，而且在幼儿的实际生活和活动中进行教育，效果更好。

"教"中有"保"，意味着教育中渗透着保育的内容。幼儿的年龄特点决定了幼儿教育首先要教给幼儿最基本的生活常识，例如怎样吃饭、如何穿衣等等，这既是教育，也是保育。通过一系列的生活教育，幼儿不仅掌握了健康知识，也提高了生活技能，联合国《儿童权利公约》特别强调尊重和爱护儿童，教师在实施教育的过程中，要为幼儿创设宽松、民主的教育环境，建立和谐、民主的师生关系，采取正确的教育方法，促进幼儿健全人格的形成。

由此看来，保育和教育是相辅相成、在同一过程中实现的。因此，保教人员要密切配合，保教并举。只有做到保中有教，教中有保，保教并重，不偏废一方，才能保证幼儿健康成长，为他们进入小学打好基础。

**（二）贯彻保教结合原则的要求**

1. 切实将保教工作放在幼儿园整体工作的中心地位上

幼儿园保教工作的中心地位决定了保教结合的原则是幼儿园教育工作乃至整体工作的根本原则，也是管理工作的出发点和归宿，各项工作都要为这一中心工作服务。教育管理者要树立保教结合的管理观念，将保教结合原则贯穿于幼儿园的整个管理过程中，在传统观念中，一些管理者将保教结合工作和管理工作分开，认为管理工作就是建立合理的组织机构、理顺各方面关系、调动教职员工的积极性；而保教工作属于教育工作，不属于管理工作的范畴。这就导致整个管理工作未能突出保教工作的中心地位，从而导致了一系列问题的出现，如后勤工作未能和保教工作有机结合而出现脱节现象，重视教育而忽视保育，人员培训重视对教师的培训而忽视对保育员的培训，等等。只有更新观念，将保教工作放在全园工作的中心地位上，强化全体员工的保教结合的意识，才能真正实现保教结合的目标，促进幼儿身心健康发展。

2.切实将保教结合原则贯穿于一日生活当中

保教任务是在一日生活中通过各种活动实现的，因此，在一日生活的各项活动中要注意保教的结合与渗透。

首先，在制订全园工作计划时要充分体现保教结合原则，如应考虑怎样通过保育达到教育的目的，如何在教育活动中帮助幼儿树立自我保护意识、增强自我保健能力等。同时引导教师在制订班级工作计划时，也要将保育工作和教育工作结合起来，在一日生活的各项活动和各个环节中，自始至终贯穿保教结合的原则，制订出切实可行的实施方案。园长对保教工作的要求不应仅限于正规教学，而应注重对一切保教活动进行检查评定，从而保证保教结合原则落实到各个环节中。具体做法如表 5-1-1 所示。

表 5-1-1　幼儿园一日生活各环节常规要求

| 内容 | 幼儿常规要求 | 教师常规要求 | 保育员常规要求 |
|---|---|---|---|
| 入园 | （1）衣着整洁，来园接受晨检；（2）有礼貌地向老师、同伴问好，和家长告别；（3）愿意与同伴、老师交流 | （1）热情迎接幼儿，观察了解幼儿的情绪和身体状况，特别关注患病儿、体弱儿；（2）热情接待家长，与家长进行简单、必要的交流；（3）做好晨检记录 | （1）开窗通风，根据季节提前做好防寒保暖，防暑降温工作；（2）室内外清洁做到"六净"；地面、桌椅、门窗、玩具柜、口杯架、毛巾架保持整洁；（3）指导幼儿整理好衣、帽等物品；（4）指导值日生参加力所能及的劳动；（5）准备好幼儿饮用水、上午的点心 |
| 晨间活动 | （1）进行简单劳动，如擦桌椅、整理玩具柜、管理自然角等；（2）愉快自主地参加晨间活动，并能与同伴友好协作 | （1）提醒幼儿参加简单劳动，指导中、大班幼儿做好值日工作；（2）组织幼儿开展室内外结合的晨间活动。关注全体，照顾个别，细心指导，引导幼儿积极参与；（3）组织幼儿开展晨间谈话 | |

| 内容 | 幼儿常规要求 | 教师常规要求 | 保育员常规要求 |
|---|---|---|---|
| 早操活动 | （1）幼儿做好操前服饰准备（冬季需要脱掉外衣，取下围巾、手套等），会检查自己的衣服、鞋子是否穿好；（2）值日生协助保育员准备早操器械；（3）认真、有精神，动作到位，协调有力；（4）遵守规则，会听信号、口令；（5）适时增减衣服，身体不适时主动告诉老师；（6）会正确使用并收拾整理活动器械 | （1）根据不同年龄段幼儿的特点编排不同内容的活动。要求：结构合理，包括准备活动、队列练习、两套操节（徒手操和器械操各一套）、小型分散的器械活动、放松活动等；时间适宜，中、大班活动时间25～30分钟，小班15～20分钟；（2）提醒并检查幼儿是否作好早操前准备；（3）精神饱满地组织早操活动，口令规范，示范正确，面向全体幼儿；（4）定期变化带操的站位，可指导中、大班幼儿轮流带操；（5）随时观察幼儿早操情况，做到"三看"（情绪、动作力度、准确度）、"三提示"（动作、增减衣物、运动卫生及安全）；（6）指导幼儿选择和按规定收拾器械；（7）服饰符合早操活动要求（不穿高跟鞋、不穿裙子、衣服长短适中、不披发） | （1）熟悉本班早操活动内容；（2）检查场地、器械安全，指导值日生在早操前按要求摆放器械，在早操后整理收拾器械；（3）观察幼儿的活动量，根据情况提醒或帮助幼儿增减衣物，特别关注体弱幼儿；（4）服饰符合早操活动要求；（5）配合教师指导幼儿早操动作；（6）随时观察幼儿活动情况，及时处理幼儿的安全或身体不适等突发事件 |
| 学习活动 | （1）在老师或家长的指导下搜集有关信息，准备活动材料；（2）动用各种感官参与学习活动；（3）乐于交流分享自己的经验和想法；（4）能正确地使用和整理活动材料或用具；（5）能积极大胆地发言，有良好的倾听习惯，养成正确的坐姿和握笔、书写姿势 | （1）根据本班幼儿发展需要和已有经验，选择适宜的活动内容，制订切实可行的活动计划；（2）活动前准备必需的教具及每个幼儿活动需要的操作材料，并于日前与保育员共同作好分发材料准备，讲明配合事项；（3）根据活动类型设置便于幼儿活动与交流的桌椅位置；（4）耐心倾听，理解幼儿的想法与感受，察觉幼儿的需要，根据幼儿在活动中的表现与反应及时应答；（5）关注活动中的个别幼儿，有针对性地进行启发、引导、帮助，满足幼儿的不同需要。活动中注重培养幼儿的良好形象习惯；（6）注重活动实效，活动后教师收集幼儿的活动作品，记录幼儿的活动情况，分析幼儿的发展状况 | （1）活动前主动向教师了解需要配合的事项，协助教师作好活动前准备，摆放活动所需材料，安排场地等；（2）协助教师指导和帮助个别幼儿参与活动，指导过程中走动位置恰当，声音轻柔，不影响幼儿活动；（3）处理活动中的偶发事件时，方法适宜；（4）指导幼儿做好活动后的整理工作 |

| 内容 | 幼儿常规要求 | 教师常规要求 | 保育员常规要求 |
|---|---|---|---|
| 户外体验活动 | （1）自主、愉快、积极地参加户外活动；（2）正确使用活动器械，尝试新的玩法，会和同伴一起活动；（3）遵守体育活动规则，有安全意识，不做危险动作，不用器械与同伴打闹，有简单的自我保护方法；（4）适时增减衣服，身体不适时主动告诉老师 | （1）保证每天2小时的户外活动，一周内保证体育课、体育游戏、器械活动、散步等体育活动的开展；（2）预先作好活动准备，检查场地、器械的安全状况；（3）为幼儿提供丰富多彩、可选择的活动材料，保证一定数量的自制玩具；（4）根据幼儿的年龄特点，科学合理地安排运动密度和活动量，有计划地开展走、跑、跳、钻、爬、投掷、平衡等各种发展幼儿基本动作的活动；（5）针对幼儿的兴趣、动作发展、习惯、安全意识、意志品质等实际情况，作出积极的应对和调整；（6）建立适宜的运动活动常规，对幼儿进行自我保护的教育并督促幼儿遵守；（7）注意动静交替，逐渐增加活动量和加大活动强度，防止突然运动或剧烈运动造成的拉伤、扭伤或身体不适等 | （1）活动前了解户外活动要求，协助教师准备和检查场地、器械的安全，检查幼儿的服饰和鞋带；（2）活动中观察幼儿的活动量，及时提醒或帮助幼儿增减衣物，为出汗的幼儿隔背，特别关注体弱幼儿；（3）活动后指导幼儿收拾场地，检查器械；（4）做好幼儿活动后的护理工作：督促幼儿洗手，用温度适宜的干净毛巾给幼儿擦脸，增减衣物，提醒幼儿饮水等 |
| 游戏活动 | （1）参与游戏材料的收集与准备；（2）能自主选择游戏内容、材料、同伴、角色、场地等进行游戏；（3）参与制定并遵守游戏规则；（4）与同伴友好玩耍，愿意与同伴分享游戏材料和经验；（5）学习解决游戏中的问题，能克服困难，坚持游戏；（6）爱护和正确使用游戏材料，会轻拿轻放，物归原主，会归类整理玩具 | （1）制订目标明确、有指导和观察要点的游戏活动计划；（2）保证每日幼儿游戏活动总时间不少于1.5小时；（3）合理安排创造性游戏（建构游戏、角色游戏、表演游戏等）与规则性游戏（娱乐游戏、智力游戏、音乐游戏）；（4）根据游戏要求和幼儿游戏活动的需要，和家长一起收集安全、卫生的自然物、废旧材料、半成品等作为游戏活动的材料；（5）根据幼儿年龄特点和需要，有计划地投放数量充足、种类丰富的游戏材料，添置和更换要及时，每月不少于2次；（6）保证幼儿每日至少开展一次活动区活动，小班设置3～5个活动区，中班设置5～7个活动区，大班设置6～8个活动区；（7）在幼儿游戏过程中采用直接、间接指导等适宜的方式 | （1）游戏活动前与教师进行沟通，了解活动目的和要求，作好游戏前材料、场地等准备；（2）活动中配合教师对幼儿进行指导，处理游戏过程中出现的问题，注意幼儿的安全；（3）游戏结束时帮助或带领幼儿收拾、整理游戏活动材料 |

续表

| 内容 | 幼儿常规要求 | 教师常规要求 | 保育员常规要求 |
|---|---|---|---|
| 饮水 | （1）需要时主动取水喝；（2）正确取水，不浪费水，不喝生水，喝水时不说笑，不边走边喝水，口杯用后放回固定的地方，杯口朝上 | （1）上下午各组织一次集体饮水，提醒并允许幼儿随时喝水；（2）观察幼儿饮水量，保证幼儿日饮水量达400～600毫升；（3）指导幼儿安全有序地取水 | （1）提醒、帮助幼儿安全有序地取水和取放口杯；（2）引导和保证幼儿按需饮水。提醒有特殊需要的幼儿多饮水；（3）保温桶每天清洗，幼儿个人专用水杯每天清洗并消毒一次 |
| 盥洗 | （1）随时保持手、脸清洁，饭前、便后、手脏时会自觉洗手，不浪费水，保持地面、服饰干爽；（2）正确洗手，卷起衣袖后，按"六步洗手法"正确洗手，用自己的毛巾擦干，并将毛巾放在固定的地方；（3）中、大班幼儿学会自己搓拧毛巾 | （1）组织幼儿有序地盥洗；（2）将正确盥洗方法、爱清洁、节约用水等图示呈现在盥洗处，提醒幼儿遵守；（3）指导中、大班值日生检查盥洗结果 | （1）作好盥洗准备，保证幼儿用流动水洗手，用消毒毛巾洗脸；（2）保持幼儿衣着清洁干爽 |
| 餐点 | （1）餐前自觉洗净手、脸；（2）独立进食，细嚼慢咽，不边吃边玩（正餐30～40分钟，点心15分钟）；（3）正确使用餐具及餐巾；（4）不挑食，不剩饭菜，不过量进食；（5）保持桌面、地面和衣服清洁，残渣放渣盘；（6）餐后将餐具放到指定地点，擦嘴、漱口 | （1）营造愉快、安静的进餐环境，介绍当餐食品；（2）组织幼儿按时进餐，两餐间隔时间不少于3.5小时，餐前餐后半小时不做剧烈运动，坚持餐后15分钟的散步；（3）鼓励幼儿独立进餐，提醒幼儿进餐速度及食量适当；（4）观察幼儿进食量，对特殊幼儿给予个别照顾，及时处理异常情况；（5）纠正幼儿的不良进餐习惯 | （1）分餐前洗净手，用消毒水擦桌子；（2）指导值日生作好餐前准备工作；（3）提供的食物温度适中，使用食品夹或消毒筷分发餐点，除冬季外均应做到随到随分；（4）掌握幼儿进食情况，鼓励幼儿吃饱但不暴饮暴食；（5）督促、指导幼儿餐后擦嘴、漱口；（6）幼儿进餐结束后再打扫桌面、地面，清洗餐巾并消毒 |

续表

| 内容 | 幼儿常规要求 | 教师常规要求 | 保育员常规要求 |
|---|---|---|---|
| 睡眠 | （1）有顺序地穿脱衣裤，将衣物放在指定的地方；（2）分清衣裤前后，会拉拉链、扣纽扣、折叠衣物，会穿脱鞋子，分清左右；（3）安静入眠，不蒙头、吮手、咬被角等 | （1）组织幼儿睡前解便，安静进入寝室；（2）营造良好的睡眠环境，遮挡过强的光线等；（3）指导或帮助幼儿有序地穿脱、折叠衣物，放在指定位置；（4）巡视观察，帮助幼儿盖好被褥，纠正幼儿的不正确睡姿，照顾入睡困难、有特殊需要的幼儿；（5）整理幼儿脱下的衣物，摆放整齐 | （1）保持睡眠环境空气流通，根据室内温度及时增减被褥；（2）保持被褥清洁干燥，被褥、床单冬季每月清洗一次，夏季每月清洗两次，凉席每天擦拭；（3）随时保持寝室整洁，每天小扫，每周大扫，用消毒液擦床；（4）检查幼儿仪表，整理寝室 |
| 如厕 | （1）学会自理大小便，大小便有异常情况能主动告诉教师和保育员；（2）解便时不弄湿自己和同伴的衣裤；（3）便后会用手纸自前向后擦屁股，用肥皂、流水洗手，整理服装，不在厕所逗留 | （1）指导幼儿正确使用手纸、整理衣裤，便后洗手；（2）观察幼儿大便情况，发现异常，及时与家长联系并做好记录；（3）不限制幼儿如厕次数，提醒易遗尿的幼儿解便 | （1）准备好手纸，方便幼儿随时取用，督促幼儿便后用流水洗手；（2）帮助有困难的幼儿擦屁股，整理服装；（3）及时为遗尿的幼儿更换和清洗衣物；（4）保持厕所清洁通风，做到干爽无异味；（5）使用蹲式厕所，使用便盆，便后立即清洗、消毒 |
| 交接班 | 教师和保育员共同做好交接班记录，内容包括：当日到班幼儿人数、幼儿未到园的原因、幼儿健康状况、家长反映的有关情况等，并签全名 | | |
| 离园活动 | （1）收拾桌面，整理玩具，携带好个人衣物；（2）自主参加适宜的游戏，安静耐心地等待家长；（3）保持仪表整洁，主动和教师、同伴道别，跟随家长安全离园 | （1）提醒幼儿收拾好教玩具及其他物品，确保幼儿安全离园；（2）注意幼儿仪表形象，指导幼儿整理衣物和个人物品，亲切道别；（3）与家长进行必要的沟通交流；（4）组织部分晚接的幼儿开展游戏活动；（5）检查并做好安全保卫工作 | （1）指导并帮助幼儿整理仪表，与幼儿亲切交谈；（2）全面做好卫生工作，做好当日餐巾、口杯、洗脸巾等的消毒工作，口杯、洗脸巾等定位放置；（3）关好门窗，检查水、电等安全保卫工作 |

### 3.人员的分工上要注意保教工作的密切配合

幼儿园每班都根据幼儿的数量配有一定量的教师和保育员，保教结合原则的具体落实离不开他们。教师和保育员虽然分工不同、各有侧重，教师重在教，保育员重在保，但是他们面对的教育对象是一样的，工作的终极目的是一致的，都是促进幼儿的身心和谐发展。因此，两者的工作应该是统一的、协调一致的，既有分工，又有合作，教中有保，保中有教。任何割裂教育和保育工作、重教轻保或重保轻教的做法都是不对的。

## 第二节　学前教育保教工作管理的程序

幼儿园保教工作的管理，是园长、业务园长或保教主任、教研组长教师通过组织、计划、实施、调整等环节，充分利用人、财、物、时间、空间、信息等资源，以达到管理的目标进而实现育人的目的。具体来说：

第一，保教工作管理是有目标的活动，其最终目标是育人。

第二，保教工作管理的组织系统包括四大层次：园长、业务园长或保教主任、教研组长、教师。不同的层次具有不同的工作职能，共同构成了幼儿园保教工作管理组织的有机整体。

第三，管理的对象是人、财、物、时间、空间、信息等。

第四，保教工作管理通常要经过计划、执行、检查、总结等程序。

保教工作管理的程序包括以下阶段。

### 一、计划

计划是确定行动的纲领和方案。幼儿园保教工作计划是管理者为幼儿园的未来确立目标并提出实现目标的方法和步骤的管理活动，包括全园保教工作计划、学年（或学期）保教工作计划班级工作计划。

#### （一）全园保教工作计划

由园长或业务园长根据幼儿园的未来发展预测制订的较长时间的保教工作

计划，一般是幼儿园 3～5 年甚至更长时间的保教工作计划，它对幼儿园的保教工作起着统领作用，它是制订学年（或学期）保教工作计划和班级工作计划的依据。

### （二）学年（或学期）保教工作计划

由保教主任根据本园保教工作长远规划制订学年（或学期）保教工作计划，它包括对上一阶段工作完成情况的分析、本学年（或学期）的工作安排。可以对保教工作进行分解，分派到各部门或具体负责人。

### （三）班级保教工作计划

保教管理的基本单位是班级，一般由两名教师和一名保育员组成，从中选一名班长，负责制订班级保教工作计划，组织班级保教管理工作。要对幼儿的现状、家长的情况及本班保教人员的情况作详尽的分析，本着有利于幼儿发展的原则制订可操作的、有利于发挥教师自身特色的班级保教工作计划。

计划的审查一般由业务园长或保教主任负责。审查时应注意以下方面：

（1）计划是否符合我国的教育方针和教育思想，是否贯彻了全园计划的精神和要求，是否体现了保教结合。

（2）计划能否根据本班幼儿的情况和前段工作的不足，提出本阶段的任务要求，体现连续性和发展性。

（3）计划能否囊括一日生活的各项活动，是否规定了每月或每周的重点培养要求，是否制订了有关个别教育的内容，考虑到与家长的联系与配合。

（4）计划是否对各项活动提出了完成的形式、方法、效果和日期。

## 二、执行

执行是落实计划阶段，它是实现预期目标的根本途径，是保教工作管理具有实质性的环节，这一阶段应注意以下问题。

### （一）有效分工，密切合作

园长、业务园长或保教主任、教研组长、教师共同构成了幼儿园保教工作管理的组织系统。其中园长领导全园保教工作，要善于抓住主要问题，充分利用园内园外的各种有效资源，协调好各方面关系，调动各部门的积极主动性，使之形成合力，共同为实现保教目标而努力。业务园长或保教主任把园长的教育决策分解成可操作性的决策和任务，布置给下属工作人员，负责制订、督促执行保教工作计划及检查保教工作效果；教研组长负责拟定教研组计划，开展各种教研活动，检查教师的教育教学情况；教师制订本班保教工作计划并具体组织实施。四个层次各司其职、密切配合，才能促进保教计划的执行。

### （二）严肃执行，灵活调整

幼儿园保教工作计划是依据主客观因素反复考虑制订的，它是行动的指南。一经制订，就应该严格按照计划执行，不能随意变更，确需变更，必须经由保教管理组织的严格审批后才可调整，确保计划的严肃性。不过，由于计划是预先设定的，不可避免地会与实际情况有差距，而且现实情况也在不断发生变化，制订绝对准确无误的计划是不现实的。这就要求我们不能机械呆板地按照计划去做，而应根据幼儿园的实际情况进行适当的调整，及时修改计划中不合理的方面，体现计划执行的灵活性。

### （三）充分发挥教师的主体性

班级是实施保教工作的主阵地，教师是班级工作的组织者、领导者，保教工作计划的制订和执行要充分发挥教师的主导作用。《幼儿园教育指导纲要（试行）》第三部分第三条指出："教育活动的组织与实施是教师创造性地开展工作的过程。"这就要求管理者不要统得太死，要尊重并充分体现教师的主体地位，在保证原有计划实施的前提下给教师创造更加宽松、自主的环境，允许他们开展富有创造性的教育活动课程。

## 三、检查

检查是为确保计划目标实现而对管理过程施加影响的一种手段。通过检查，可以进一步了解计划的合理性、计划存在哪些问题或缺陷、计划执行的情况如何以及如何对计划进行修改，以确保计划目标保质保量地完成。因此，它是保教工作管理不可或缺的环节。检查时应注意以下几点。

### （一）检查内容要全面

检查的目的是督促相关人员更好地完成工作。为了全面实现保教目标，检查的内容要全面，既要检查教育工作，也要检查保育工作。检查的内容包括班级的环境情况、保教制度的执行情况、活动设计的安排是否合理、计划的执行情况、教案、教研笔记、听评课记录、教学反思等。检查要实事求是，不可弄虚作假，要细致入微，不可流于形式，只有这样才能真正发挥检查的作用。

### （二）检查形式要多样

检查包括领导检查、部门或教师间互查、教师自查三种形式。领导检查主要指园长或业务园长有目的、有计划地对教职工的工作进行检查和评价。为了确保这种检查的权威性和效果，领导要不断进行业务学习和专业研究，提高自己的业务水平和管理能力。检查必须深入、实际，做到客观、公正，善于肯定教职工的成绩，发现问题，及时处理。

部门或教师间互查可以发现自身发现不了的问题，也可以解决自身解决不了的难题，这种方式为教师和部门间的交流、合作与学习提供了一个很好的平台。

教师自查是指教师在每日教育活动中随时记录自己的教育行为并进行教学活动反思，以便及时发现问题并进行改正。这种方式是自我教育的一种形式，可以不断提高总结的业务水平。

检查时可将三种形式相结合，共同发挥检查的真正效用。

### （三）定期检查和临时抽查相结合

定期检查是在规定的时间对幼儿园常规工作例行检查，这种检查方式能够全面集中地了解幼儿园的保教工作情况，对提高保教工作的质量起着极大的促进作用，但是也往往会流于形式，可以通过不定期的临时抽查来弥补。由于临时抽查是在被检查对象不知情的情况下进行的，因此可以了解他们最真实的状态，发现问题及时解决，幼儿园的保教工作检查要将两者结合起来运用。

### （四）做好检查记录

检查记录可以帮助教师有针对性地对问题进行反复的研究，从而提出有建树的改进措施，幼儿园或教师可以根据自身情况制订一些记录表格，以方便实施。

1. 教师自查表

教师可以通过填写《幼儿在园生活观察记录表》，对本班每一日的保教工作进行记录并将材料汇总起来，以便进行总结。因此，填表时要详细具体、实事求是，不得用简略符号来代替。

2. 他查表

幼儿园管理者可以填写《教育活动检查记录表》，以此作为对保教工作进行评价和指导的依据。

## 四、总结

总结是对过去一定时期的工作、学习或思想情况进行回顾和分析，并作出客观评价的过程。通过总结，可以吸取经验教训，探索保教规律。因此，幼儿园应每学期对保教工作进行较为全面的总结，在每个阶段也应做一些小结，在总结时应注意以下几点。

### （一）要实事求是

总结时要对保教工作的各个方面进行如实的、辩证的分析和评价，肯定成绩，发现问题。不能好大喜功，只讲成绩，不谈问题；也不能把教职工的工作说得一无是处。

### （二）要主次分明

总结时不要胡子眉毛一把抓，要抓主要矛盾，无论谈成绩或谈存在的问题，都不要面面俱到。要分析哪些是本质的、必然的、经常出现的现象，哪些是偶然出现的问题。对主要矛盾要进行深入细致的分析；对于成绩要善于总结经验以便推广；对问题总结教训以防微杜渐。

### （三）有理论价值

园长要指导教师对每一阶段的总结进行汇总，结合对理论文献的学习，对前一段的工作进行反思，分析取得成绩或导致失误的原因，探索规律，由感性认识上升到理性认识，以便指导今后的工作，也为开展教科研活动积累素材，还可以为教师之间相互学习提供材料。

## 第三节　班级保教工作管理

班级是幼儿园实施保教工作的基本单位，它作为幼儿所处的最贴近的环境和最真实的场所，对幼儿的发展起着最直接的影响。幼儿的健康成长和幼儿园工作目标的实现，都直接取决于班级保教工作的成效。

### 一、幼儿园班级与班级保教管理

幼儿园班级是指为实现教育目标人为组织的带有一定强制性的集体，是对3～6岁（或7岁）的幼儿进行保教活动的基本组织单位，由幼儿和保教人员共同组成。

班级是幼儿园的基层组织，幼儿大部分的活动都是在班级内进行的。班级工作既是一种教育活动，又是一种管理活动，两者统一于保教目标的实现。幼儿园的教育目标要通过班级的保教人员组织的各种学习和生活活动来实现，如果没有管理活动的参与，教育的各种要素就是散乱的，教育的过程也是杂乱无章的，教育的目标也就难以实现。因此，为了提高班级保教工作的效益，必须加强班级管理工作。

班级保教管理分为宏观管理和微观管理两个层次，前者指的是园长对于各个班级的宏观调控，后者指的是教师对本班级保教工作的管理，我们所说的班级保教管理指的是后者。通过保教管理，保教人员可以将班级环境中的各种教育资源有效整合，开展各种活动，促进幼儿健康成长，实现教育目标。

## 二、幼儿园班级保教工作的特点

幼儿园班级不同于其他学校的班级，它不仅承担着教育的任务，还承担着保育的任务。我国的《幼儿园工作规程》和《幼儿园管理条例》都规定了幼儿园班级管理的责任主要由教师和保育员承担。具体来说，班级保教工作具有以下特点。

### （一）幼儿园班级保教工作具有整体性

首先，班级保教工作的目的是促进幼儿的全面整体的发展，这是与幼儿园的教育总目的一致的，也与我国的教育目的相吻合。这是因为，保教工作是幼儿园的中心工作，班级是实施保教工作的基本单位，促进幼儿全面发展的任务主要是通过班级保教工作实现的。因此，班级保教工作不能仅注重丰富幼儿的知识和技能，发展幼儿的智力，还要注重培养幼儿良好的品德，促进幼儿身心健康发展，实现使幼儿德、智、体、美全面发展的目标。

其次，班级保育工作和教育工作是相互联系、密切配合的整体，保中有教，教中有保，不可偏颇，要保教并举。教师和保育员也是一个集体，应作为一个整体团结合作，共同承担起保教幼儿的任务。

最后，班级保教目标的实现不仅依赖于班级组织的各种教育教学活动，生活制度的制订和执行、环境的创设与利用等都对幼儿发挥着一定的教育作用，教师和保育员的言行举止和活动也是教育幼儿的影响因素，对幼儿起着潜移默化的作用。因此，教师和保育员应该树立整体教育观念，创造性地将各种因素有机地结合起来，并注重自身素质的提高。

班级中的所有幼儿是一个整体，班级的保教活动应面向全体幼儿。这就要求保教人员在提出统一要求、注重整体发展的同时要关注个别幼儿，因人而异，因材施教，注重幼儿的全面发展与个性发展相结合，使班级中的每一个幼儿都能在自己原有的水平上得到尽可能充分的、全面的提高。

### （二）幼儿园班级保教工作具有教育性

从目标上来看，班级作为幼儿园保教工作的主阵地，应按照社会的要求，依据国家的教育方针，结合幼儿园的教育目标和任务，针对本班幼儿实际情况，实施保育和教育工作，其目的就是促进幼儿德、智、体、美全面发展。

从手段上来看，班级保教工作主要是通过各种活动来开展的，这些活动本身就具有教育性。除此之外，幼儿参与的其他活动、保教人员的言行举止、班级环境等都对幼儿的发展具有一定的影响作用。

### （三）幼儿园班级保教工作具有主控性

班级保教人员作为保教活动的主体，既是教育者，又是组织者、管理者，在保教活动中起主导作用，他们组织和控制整个教育过程，包括制订保教目标、确定内容、选择方法、安排时间和场地等，使保教工作沿着既定的轨道科学合理地运转。

从幼儿自身来说，他们的身体和心理发展水平还比较低，不能掌握人的发展的规律，难以理解社会对人才的要求，他们的发展不是自发的，而要依靠教育培养来实现。在教育活动中，教师要根据社会的要求，在充分了解幼儿的基础上，选择恰当的内容和方法，对幼儿进行良好的启蒙教育，将幼儿的发展与社会的要求统一起来。

### （四）幼儿园班级保教工作具有创造性

幼儿的身心发展固然有一定的规律，教育活动也有一定的规律可循，但是这些规律并非僵化的套路，理论只有与实践密切结合才能真正地发挥指导作用。各地的环境条件、各班的保教人员和幼儿的情况都是不一样的。而且，幼儿园的教育活动不同于其他学校，它是通过生活、游戏、上课、劳动、参观等多种形式相结合来进行的，这就为教师的工作带来较大的挑战。教师应充分发挥自身的能动作用，根据这些因素，充分挖掘一日生活中各种活动各方面的教育功能，富有创造性地制订本班计划，选择适合本班实际情况的教育活动，创造性地处理各种问题，探索出适合自己的教育风格与特色。

### （五）幼儿园班级保教工作具有开放性

幼儿教育是幼儿园、家庭、社会三位一体的教育，班级保教工作要取得预期的效果，必须与家长密切配合。这就要求教师积极主动地与家长进行沟通，相互学习，家园合作，对幼儿实行配合一致的教育，不断提高保教工作的成效，同时，还应加强与所在社区的联系，获得广泛的支持与帮助。充分利用家庭及社区资源，形成家、园、社会一体化的教育环境，更好地实现保教工作目标。

## 三、幼儿园班级保教工作的内容

一般来说，班级保教工作涉及幼儿在园一日生活的各种活动，具体来说主要包括以下方面。

（1）保教结合，全面安排幼儿的生活和活动；

（2）在观察了解的基础上制订教育目标和计划，组织多种形式的活动；

（3）创造良好的适合并促进幼儿发展的活动；

（4）做好班级的安全卫生工作；

（5）家园合作，共同促进幼儿的发展。

这些内容具体地体现在入园与离园、盥洗、饮食、睡眠、户外活动、教学活动、游戏活动等活动中。

## 四、班级保教工作管理的基本要求

（1）了解和关爱每一个儿童。

（2）营造宽松、温馨的氛围。

（3）协调好各方面的关系。

（4）密切家园配合。

## 五、各年龄班保教工作管理

幼儿在不同的年龄段身心发展的特征和水平都是不同的，这也就决定了不同年龄班的保教工作管理也应各有侧重。

### （一）小班保教工作管理

小班保教工作一般面对的是3～4周岁的幼儿。这一年龄段的孩子身体发展有着一定的灵活性，能够从事简单的活动，如生活活动和游戏活动；口语发展较为迅速，能与人进行简单的交流。小班的保教工作一方面要符合这一阶段幼儿的年龄特征，又要为中大班的保教工作管理打好基础，但是小班的幼儿刚刚脱离家庭环境，进入一个陌生的环境，会表现出很强的不适应性。同时他们各方面的发展水平较低，这也为小班的保教工作管理带来一定的难度。为此，小班的保教工作管理要注意以下方面。

#### 1. 让幼儿尽快适应幼儿园环境

小班的幼儿对父母的依赖感强，新入园的时候，刚来到一个陌生的环境，面对陌生的人，会产生恐惧感；生活不习惯，自理能力差，还不善于管理自己的行为；在家主要与自己的亲人交往，还不善于与小朋友友好相处，争执、攻击性行为较多；家里生活气息较浓，幼儿在家里计划性不强，生活比较随意，自己想做什么就做什么，在幼儿园集体生活中，要受到纪律的约束。以上种种，导致幼儿入园后的不适应，从而造成他们情绪不稳定，上幼儿园的意愿不强。为了让幼儿尽快地适应幼儿园环境，开学前可以让家长带幼儿到幼儿园里走走，参与一些好玩的活动，一方面熟悉环境，另一方面激发幼儿的兴趣。幼儿入园后，教师不要急着教给他们知识和技能，也不要急着用常规约束他们，可以带着孩子参观幼儿园，熟悉本班和周围环境，教师要态度温和，创设一种宽松、温馨的家庭式氛围，尽量消除他们的恐惧感，也可以组织一些幼儿乐于参与的活动，激发他们的兴趣，转移他们的注意力。

2. 做好常规管理工作

俗话说："没有规矩，不成方圆。"幼儿在家里生活较为轻松、随意，加之父母对孩子宠爱有加，包办代替，致使幼儿缺乏良好的生活习惯，造成幼儿脱离家长的照顾就难以适应集体生活。常规训练可以帮助幼儿养成良好的习惯，提高幼儿的自理能力。

常规包括生活常规和教育常规两个方面：

生活常规包括盥洗活动常规、饮食活动常规、睡眠活动常规、卫生习惯常规、入园离园常规、散步常规等。生活常规要通过反复练习、不断强化才能养成，单一的训练会造成幼儿疲累，丧失兴趣。因此，教师要富有耐心，将故事、游戏等多种形式相结合，提高训练的效果。

教育常规包括教学活动常规、游戏活动常规、班级环境管理常规、家园活动常规等。每项活动都有自身的规律和要求，教师要根据各自不同的规律和要求对幼儿进行训练，为他们以后的学习打好基础。

3. 多与家长联系

一方面，幼儿新入园，保教人员在短时间内还不能深入了解幼儿，这样难于采用恰当有效的方式对幼儿进行教育。加强与家长的联系，多方面地了解幼儿，可以快速提高保教质量。另一方面，小班幼儿的家长也不太了解幼儿园的教育理念和教育活动，有的家长甚至还没有掌握科学育儿的方法，使幼儿在幼儿园初步形成的一些习惯回到家又被破坏掉了。因此，教师要多与家长沟通，相互交流意见，可通过召开家长会，向家长宣传科学的教育理念和方法，实现家园同步，共同做好对幼儿的保教工作。

### （二）中班保教工作管理

中班阶段在幼儿园教育中起着承上启下的作用，是幼儿身心发展的重要时期，经过小班一年的教育和训练，幼儿进入中班以后，生活自理能力大有提高，集体意识和纪律观念有所增强，认知能力、表达能力和交往能力也有一定的提高。但是中班幼儿攻击性行为较为严重。针对中班幼儿身心发展的年龄特征，中班保教工作管理要着重做好以下工作。

#### 1. 注重发展幼儿的社会行为技能

所谓社会行为技能是指在与人交往和参与社会活动时表现的行为技能。中班幼儿由于自我中心主义仍然较强，他们还不善于站在他人的立场去考虑问题，只知道维护自己的利益和快乐。虽然交往活动增多了，但他们还没有掌握必要的社会交往技能，不会处理活动中产生的各种矛盾。因此，中班幼儿爱告状、攻击性行为比较严重。为此，中班保教管理者要加强自身修养，在交往活动中给幼儿做好榜样，并教给幼儿必要的社会交往技能。

#### 2. 注重发展幼儿的兴趣

经过小班的学习，中班幼儿接触过的事物多了，学习的内容丰富了，参与的活动也多了，就会对不同的事物和活动表现出不同的兴趣，中班保教人员要细心观察，深入了解幼儿不同的兴趣爱好，并要为幼儿创设良好的教育环境，开展丰富多彩的活动，并加以正确的引导，进一步激发和发展幼儿的兴趣。

#### 3. 继续做好常规管理工作

在小班常规管理工作的基础上，中班要继续做好生活常规和教育管理工作。

中班生活常规包括清洁卫生习惯，如洗手、大小便、正确使用手帕、保持清洁等；饮食习惯，如就餐的文明习惯、坐姿和卫生习惯；睡眠习惯，如睡眠姿势、睡眠时间等；来园离园要求，如穿着、语言、行为等。对于中班幼儿可以采用行为练习、榜样示范、正面强化等方式进行训练，要注意纠正不正确的行为，帮助他们养成良好的习惯。

中班教育常规包括集体活动常规，如上课、参观、劳动、体育活动等；游戏活动常规，如培养活动兴趣、掌握游戏规则；其他的教育活动，如阅读、散步等也要有一定的常规。教育常规的掌握离不开教育活动。因此，保教人员要有计划地开展丰富多彩的教育活动，提出明确具体的活动要求帮助幼儿形成自觉的习惯，为他们进一步地学习奠定基础。

**（三）大班保教工作管理**

通过前两年的学习，大班幼儿的身心发展水平都有了较大的提高，他们的自理能力、表达能力、交往能力、动手操作能力都有所提高。大班是幼儿园的最后一年，要做好以下工作。

**1. 增强幼儿责任意识**

要让幼儿逐渐意识到自己是集体中的一员，应该遵守集体规则和纪律，在活动中不仅要考虑自己，还要考虑他人。保教人员应注意开展集体竞赛活动，一方面激发幼儿的集体意识和责任感，另一方面锻炼幼儿学会正确处理自己与集体、自己与集体中他人之间的关系。

**2. 继续做好常规管理工作**

大班生活常规包括：养成良好的饮食、睡眠、盥洗、如厕等习惯；掌握眼、耳、口、鼻等器官的卫生常识，注意保持身体清洁和仪表整洁；养成良好的行为习惯，如文明用语、友好交往等；形成初步的安全意识。

大班幼儿的教育常规主要包括两方面：一是在中班的基础上继续完成健康、语言、社会、科学、艺术等五个领域的教育目标；二是注重幼小衔接的教育。

**3. 为入小学做准备**

为使幼儿顺利实现幼小过渡，教师要在保教环境的布置、教学方法、活动形式和要求等方面作适当的调整。在学习方面，要引导幼儿正确使用普通话，能大胆地回答问题，培养倾听的良好习惯；指导幼儿掌握正确的握笔姿势和坐姿，训练简单的书写技能；教幼儿掌握 10 以内数字的读写和加减运算，能正确理解符号的意义。在身体方面，要指导幼儿加强体育锻炼，掌握基本的运动技能，以健康的身体迎接小学紧张的学习生活，教师可以与小学取得联系，带幼儿到小学进行参观，了解小学生的学习生活，增加感性经验，从思想上作好准备。

# 第四节　学前教育课程管理

幼儿园课程是实现幼儿园教育目的的手段，是帮助幼儿获得有益的学习经验、促进幼儿身心全面和谐发展的各种活动的总和，它在教育目标向儿童发展的转化过程中发挥着中介作用。因此，幼儿园要加大对课程的管理力度。

## 一、幼儿园课程管理的意义

### （一）加强幼儿园课程管理有利于更好地实现教育目标

幼儿园课程管理是幼儿园根据国家、地方的课程政策，考虑幼儿身心发展特点，结合幼儿园自身实际，对课程目标、课程内容、课程组织与实施、课程评价等过程进行科学管理，以促使课程顺利开展，促进幼儿身心全面发展。幼儿园的课程管理水平决定着课程实施的成败，进而决定着幼儿园教育目标的实现。

### （二）加强幼儿园课程管理有利于促进教师专业化发展

专业自主是教师专业化的必要条件，教师内在的实践经验、研究能力、创造能力是客观存在的，有必要在各种专业活动中得以展现。随着社会和科技的发展，知识创新时代要求我们改变过去自上而下的封闭式课程管理模式，实行国家、地方、学校三级管理模式，国家课程管理权力的下放，为幼儿园"园本课程"的开发提供了空间。加强幼儿园课程管理，提高课程管理水平，激发幼儿教师参与课程开发和实施的热情和行动，充分发挥他们的能动性，是实现其专业自主、促进教师专业化发展的重要途径。

### （三）加强幼儿园课程管理有利于提高园本课程开发的水平

当下的幼儿园课程管理是在课程管理权力下放和我国基础教育课程的三级管理模式的背景下运行的，国家和地方主要是通过课程政策进行宏观指导，幼儿园和教师是课程管理的主体，这有助于幼儿园的课程管理紧跟时代的步伐，结合当地的有利资源，关注幼儿的兴趣与需要，为园本课程的开发提供了有利的条件。教师站在教育第一线，最了解课程实施的情况及幼儿的发展水平和特征，让教师参与开放园本课程，将国家的教育方针、本园优势资源和幼儿的情况融合起来，能够增强课程的适应性，提高园本课程开发的水平。

## 二、幼儿园课程管理的要求

### （一）增强课程管理意识

课程管理水平决定着课程实施的成效，进而决定着幼儿园教育目标的实现。幼儿园管理者要重视课程管理工作，认真学习课程的相关政策文件和教育理论，准确把握国家教育大政方针，考虑本园实际情况和周围的有利资源，确保本园课程体系的科学性和适应性。

### （二）建立课程管理制度

制度是要求大家共同遵守的办事规程或行动准则，是管理的基础与重要保障。没有制度，管理就失去了标准和公正性，建立课程管理制度，促进课程管理常规化，可以保障课程全面深入实施，也便于检查和评价。可以把课程管理与教研活动结合，成立课程管理领导小组，带领本园教师参与课程的管理和开发，这样有利于教师的专业成长，形成教育特色，促进幼儿的全面发展。

### （三）慎重选择课程内容

课程管理权力的下放和三级管理模式的实施，使幼儿园课程管理呈现国家和地方宏观调控和幼儿园具体实施相结合的态势，这样就形成了"一纲多本"的教材管理模式。目前，在《幼儿园教育指导纲要（试行）》的指导下，全国各省（自治区）、市都在编制富有地方特色的幼儿园教材，这增强了幼儿园选择教材的灵活性。

幼儿园在选择和使用教材时要注意以下几方面。

#### 1.选择要慎重

目前幼儿园教材版本很多，五花八门。幼儿园在选择时要深入分析和比较各类教材，并与本园特色、师资情况和幼儿发展情况相结合，慎重选择并固定下来，在一定时间内不要轻易更换，否则会对教师造成干扰，影响课程保质保量地实施，进而影响幼儿的发展。

#### 2.使用要灵活

教材是教师进行教学活动的依据，教师不能"照本宣科"，而应结合本地区、本园和本班幼儿的实际情况以及自己的教学特色，适当调整目标、内容、过程，也可以重新设计。

## 三、幼儿园园本课程的开发与管理

为了贯彻《中共中央、国务院关于深化教育改革全面推进素质教育的决定》，教育部于 2001 年 6 月颁布了《基础教育课程改革纲要（试行）》，明确提出，改变课程管理过于集中的状况，实行国家、地方、学校三级课程管理模式。于是出现了国家课程、地方课程和校本课程。"校本"即以学校为基地开发课程。"园本"是由"校本"衍生出来的，即以幼儿园为基地进行课程开发。

园本课程是指幼儿园根据自己的办学理念、具体特点和现有条件而开发出来的课程，课程的内容与实施方式都是以幼儿园为本设计出来的，反映了以幼儿园为基地的课程开发的民主、合作、参与的过程。幼儿园园本课程开发的管理工作要做好以下几点。

### （一）认真组织与安排

虽然园本课程开发具有很大的灵活性，可以根据本地区、本园实际情况进行，但绝不能是某个人一时心血来潮的结果。任何园本课程开发都必须是园长、教师集体决策和研究的成果，还可以邀请课程专家、教育行政部门人员指导，或者幼儿、家长参与。因此，必须认真组织，成立课程开发领导小组，负责拟定课程开发的指导思想、开发计划、实施方案等，认真筛选参与人员，并根据他们的特长进行分工，协调各方面的工作。

### （二）抓好园本教研工作

由于教师长期以来习惯于根据上级课程计划按部就班地进行教学，从而缺乏课程开发意识和能力，这不利于园本课程的开发。开展园本教研活动可以有效解决这一问题。园本教研是以幼儿园为研究基地，以教师为研究对象的研究活动。在活动中，通过引导教师学习国家的课程相关政策、课程理论等内容，帮助教师树立正确的课程观念，把握课程研究方向，丰富课程理论；针对教师在课程实施过程中存在的问题进行研究，通过自我反思、同伴互助、专家引领等形式，不断提高教师的教育教学技能，为课程开发提供素材；聘请专家到园对教师关于课程开发的问题进行指导，提高教师课程开发能力。

### （三）充分挖掘和利用课程资源

课程资源是课程开发的核心问题。幼儿园课程开发的最终目的是促进幼儿身心更好地发展，因此挖掘课程资源要围绕着幼儿的需要进行。要充分地挖掘出来能够满足幼儿需要、符合幼儿兴趣、对幼儿发展有益的资源，并通过筛选合理利用，引导幼儿在教师精心组织的活动中发现并探究问题，发展他们的个性，让他们体验到乐趣。同时，为了幼儿园本体的发展，可以结合本地区的文化传统、风俗习惯、自然景观，形成办园特色，让幼儿感受、体验、创新。

### 四、学前教育课程的实施

课程实施是一个动态的序列化的实践过程，有一定的运行结构，是有目的、有计划、有步骤地进行的。在课程实施的过程中，教师可通过开展不同类型的活动来实现课程目标，就教育机构里开展的活动来说，其活动类型多种多样，包括日常生活活动、游戏、教学活动、区域活动，以及专门开展的其他类型活动，如节日活动、劳动、外出活动、亲子活动、家长开放日活动等。

#### （一）学前教育课程实施的实质

学前教育课程的实施是通过拟定各层次的教育教学计划，并把计划付诸实践的过程，使课程目标通过学前儿童在教育机构的生活以及一系列具体的教育活动落实于儿童的具体发展。通过课程的实施，使课程的优越性，以及它所持有的教育理念得以实现，所以要想很好地理解学前教育课程实施的实质，就必须弄清学前课程计划及它与实施的关系。

1. 学前教育课程计划

学前教育课程计划是学前教育机构依据其教育目标和课程标准或课程方案，有计划地、系统地设计、组织和安排各类教育教学活动的过程。

学前教育机构应将对儿童发展产生积极作用的各种活动尽可能地纳入课程计划之中。所以，学前教育机构的课程计划应包括以下几方面的内容：教师按课程要求有计划、有目的地设计和组织的教育活动；儿童在学前教育机构里一日生活的安排与组织；儿童自选活动的提供与指导；学前教育机构教育环境的创设与利用；家长工作与联系社区；等等。

课程计划可根据课程目标的层次划分为年龄班计划、学期计划、月（周）计划和具体教育教学活动计划（教案）。在计划中，只有具体的教育教学活动才与儿童发生直接关系，对儿童的身心发展产生较大的影响，所以教育教学活动一定要贴近儿童发展实际、满足发展需要，通过实施而实实在在地使儿童有收获、有提高。

2. 学前教育课程计划和实施的关系

在学前教育教学实际中，课程的计划和实施的关系主要体现为以下三方面。

（1）教师在课程实施的过程中严格遵循课程计划

这种关系在一定程度上反映了我国传统的预设课程理念，即重视预先设计的方案或计划，教师的教育过程就是实施自己事先设计好的方案或计划，儿童在教育过程中学习教师准备让他们掌握的相对固定的内容。长期以来，我国学前教育机构课程的实施，基本上都是由教师执行一种提前预设好的课程，由于课程的每一步骤和细节都被考虑好了，因此，教师所要做的就是按照计划，一步一步地把所预设的课程呈现出来。

这种实施方式的优点在于目的性较强，教师相对容易把握。如果课程设计得比较好的话，教育目标较易落实，能够基本保证儿童的基本发展；其最大的问题在于过分拘泥于预定的、具体的教育目标，过于强调其确定性和准确性，容易造成教育过程"走过场""有教无学"的情况，既不利于儿童主体性的发挥发展，也不利于教师临场发挥和专业成长。这种实施方式的弊端主要表现为两方面：一是教师预先选择的课程内容常常不符合孩子当时的兴趣，而孩子感兴趣的问题却不能被及时纳入课程与教学中。二是教师预先设想的教育目标和教学程序、进度、重点等与实际的活动进展情况不一致。因此，教师不得不经常想方设法去转移孩子的注意力，忽视或排斥儿童提出的问题和想法，以调动他们对计划内容的积极性，教学过程成了展示课程计划的过程，这在大力倡导发挥儿童的主体性和创造性、关注其内在需要和个性发展的今天，是非常不合时宜的。

（2）教师可根据课程实施中的具体情况适当、适时加以调整

课程实施中，教师在不改变其基本设计的情况下，可以根据个人主观的理解对计划进行微调，但这种调整仅仅是教师单方面进行的，而现代课程观的精髓是将儿童视为主体，使他们积极而主动地学习，教学计划要基于儿童的特点与兴趣，源于儿童的经验与需要，融于儿童的生活流程中。显而易见，教学不再是教师单

方面的职责，儿童也在发挥一定程度的控制作用，他们关注的事物、提出的问题、遇到的困难，都将成为课程计划的内容。

（3）教师与儿童共建课程

课程计划是由教师引导儿童一起商定的，在计划中并没有对课程实施的步骤进行严密的规定，只是构建了一个大体的框架，课程实施的过程也就是教师与儿童共同围绕儿童感兴趣的问题或主题而相互作用、合作学习、不断生成新的学习机会的过程，即生成课程。

共建和生成课程的最大优点是在课程实施和执行计划的过程中，可以根据儿童的兴趣与需要以及活动情况，随时进行调整。教师与儿童共建课程，给了教师很大的自主性，使课程计划成为动态的、开放的计划，使教师、儿童真正成为课程计划的拟订者与实施者，充分调动了教师工作的积极性，让教学更生动、更有效，有利于发挥和发展儿童的主体性，培养创新型人才。

总之，尽管目前学前教育机构课程特别是幼儿园课程中比较强调生成课程、富有弹性的计划，但很多人对课程计划有所淡漠，而生成课程的前提恰恰又是课程计划，所以在课程设计中，设计者一定要在进行思考和计划的同时适时调整计划，灵活开发新的课程，真正做到：

（1）在考虑教育活动方案时，多列出几种假设，多寻找几种课程发展的可能性，以便在实施过程中能够对孩子的不同反应有所应对。

（2）当发现孩子真正感兴趣而且有价值的事物时，大胆打破原来的计划，调整教育活动内容。

（3）当发现原定的活动时间、进度不符合实际情况时，不要拘泥于原定计划，应顺应事情的自然发展，因势利导。

**（二）影响学前教育课程实施的因素**

1.组织制度因素

学前教育课程实施计划由谁拟订、何时拟订、根据什么拟订、如何安排等问题，都反映出组织管理者的教育观、儿童观、课程观，也同时影响着教育活动的开展和儿童的发展。没有健全的组织制度就不能发挥课程管理的职能作用，组织过于臃肿庞大，人浮于事，就不可能提高工作效率和教育质量；如果各方面人员都各自为政、自行其是，将造成工作混乱无序。所以良好的组织制度具有保障正常的教养工作秩序、提高管理成效、建设良好教育机构风貌、规范行为指向、提高课程实施质量的重要作用。

教育管理思想与方式本身，既可以成为学习内容，又可以影响教师与儿童的行为与心理。不同的管理思想和教育气氛熏陶出来的教师或儿童，在气质、行为方式、言谈举止乃至着装方面都会具有显著差异。如果教育机构主导教育思想保守、封闭、集权、僵化，则教师与儿童也会因循守旧、安于现状、沉闷压抑、不善于开拓，这势必会影响到课程的实施。而如果管理者善于进取、思想活跃开放，就会使教育机构充满朝气，有秩序、办事讲效率，相应地会使教师与儿童产生类似的品质特征，这势必会提高课程实施的质量。

2. 时间因素

课程实施中在时间利用上最大的问题就是时间浪费现象，而造成时间浪费的主要原因包括：过分整齐划一的集体行动；固定而不可改变的时间表；时间分割得过于零碎，环节过渡多而不恰当；活动内容与组织形式配合得不好；活动本身不适合儿童；儿童缺乏参与的机会，丧失积极性；教师"照顾过度"而又忙不过来；教育过程缺乏灵活性；工作的计划性不够，准备工作未做好；忽视必要的常规的培养；等等。充分利用好时间的建议与对策包括：尽量减少不必要的集体行动，以减少等待；在过渡环节为儿童提供一些有趣的活动，以减少消极等待；活动安排要符合儿童的兴趣和需要；避免照顾过度，培养儿童的自理能力；养成良好的常规和专心做事的习惯。

3. 物质空间因素

教育机构建筑的方位、风格、规模、新旧、装饰等都会影响儿童的审美意识和情趣培养；绿化、美化对儿童的认识思想、观察力、想象力等产生作用；而活动室的大小、照明、色彩搭配、墙饰、玩具、图书、桌椅摆放、座次排列会影响儿童的活动积极性和学习方式；声光、温湿度不仅以其物理特征直接作用于儿童，影响儿童的情绪状态、心理基调、个性特点，同时还影响课程实施的效率。环境物质空间是重要的教育资源，应该通过环境的创设和利用有效地促进儿童的发展。

4. 教师因素

教师是课程的实施者，是课程能否取得预期效果的关键因素。儿童在教育机构参与的不仅是教师明确规定和期望的课程，同时还习得了教育者意想不到的内容。教师的教育价值观、教学策略、期望态度、言行举止、个性特点、教师与儿童的关系、教育威信等都会直接或间接地影响课程实施。

仅就教学策略来看，课程实施可以看作广义上的"教学问题"，是由老师的"教"和孩子的"学"共同构成的，这是二者进行交互作用的过程。在这里，学是根本，"教"是为儿童的"学"服务的。"教"与"学"的关系是选择、确定教学策略的基本问题。

促进儿童主动学习是实施当代学前教育课程的基本观点，儿童的主动学习区别于被动学习，表现为儿童有学习的愿望、热情、兴趣和持久性，有动手动脑亲自体验的需要。因此在课程实施过程中教学策略应围绕实现儿童的主动学习进行设定，要尽量做到：允许儿童按自己的意愿选择活动；以游戏为基本活动形式；让儿童在感知、操作、运动过程中进行学习；为儿童安排充分的探索时间和足够的思考空间；对儿童进行适当的启发诱导，避免过多的干扰；肯定、鼓励、接纳儿童，让其有成功感；等等。

所以，课程实施中，教师要注意以下几个问题：儿童同伴群体是宝贵的教育资源，应充分发挥这一资源的作用；教师的态度、言行和管理方式等应有助于形成良好的学习氛围；充分利用自然环境和社区的教育资源，开放办学，扩展儿童的发展空间；家长是教师重要的合作伙伴，应争取家长的理解、支持和主动参与，通过家园合作，更有效地促进儿童的发展。

## 五、学前教育课程的评价

课程评价是课程编制和发展的重要环节，课程的设计从拟定目标、选择和组织内容，到课程计划的拟订以及计划的实施，其教育效果如何、是否达到预期目标、是否有效促进儿童的发展，均属于评价的内容。课程评价是完整课程结构中不可缺少的一个要素，是使教育过程连续不断运转，促进课程不断创新、完善，教育效果不断提高的重要环节。

### （一）学前教育课程评价的内涵

学前教育课程教育评价是对学前教育课程进行考察和分析，以确定其价值和适宜性的过程，它是了解教育的适宜性和有效性、调整和改进课程设计与实施工作、促进每一个儿童的发展、提高教育质量的重要过程和必要手段，课程评价的过程是对课程建设进行正确导向、促进学前教育课程地方化和园本化的过程，它既是课程运作的"终点"，又是课程继续发展的起点，而且贯穿于课程运作的全过程。

### （二）学前教育课程评价的基本要素

#### 1.评价目的

一般来说，课程评价的目的可以分为以下两种。

#### （1）研究、完善和发展课程

以研究、完善和发展课程为目的的课程评价，要求在课程评价过程中，不断地发现问题，即提出"为什么"，并尝试作出解释，强调课程评价的过程性、调整性、促进性。这种评价过程是研究过程的结果，不仅能发展和完善旧课程、开发新课程，而且会使评价者自身的专业文化水平得到发展和提高，也就是说，评价者在发现问题、寻找答案和解决问题的过程中，能够不断加深对课程问题的认识，形成新思想，积累新的课程经验。

（2）管理课程

以管理课程为目的的评价，一般以选择、推广课程与鉴定学前教育质量为其主要功能。

选择、推广一种课程模式，需要通过对课程方案进行理性分析，或者对其实际效果进行评定，对课程的性质、特点、使用范围等作出价值判断，然后再决定是否可以采用、是否值得推广。如果确定推广，那么还要指出推广中应注意的问题，无论对国内流行的课程，还是对从国外引进的课程，都需要进行这种鉴别，然后决定取舍。同时，课程评价也可作为学前教育机构分级分类验收工作的一种鉴定手段，当然其主要服务于对学前教育机构的管理和鉴定。

事实上，当以课程研究人员和教师为课程评价主体时，课程评价的目的就会指向改进、完善、开发、发展课程；当以教育行政和管理人员为课程评价主体时，课程评价的目的就会指向鉴别、选择、推广、管理课程。不过，从课程研究的角度来说，尤其是课程评价教师在选择各种版本的教材和教育活动设计时，甚至在参考本园传统的教育计划和教案时，也需要进行高质量的鉴别。

2. 评价内容

课程评价的对象包括：课程方案、课程方案的实施过程与课程方案的最后效果三个部分。

（1）课程方案评价

评价学前教育课程方案，主要要了解两个方面的内容：第一，方案以及方案中的各个要素、部分是否遵循了科学的原理和原则，是否以先进的课程理论为指导；第二，课程结构是否合理，各要素之间是否具有较高的内部一致性，是否符合最初的指导思想。值得注意的是，我们所说的学前教育课程方案的范围很宽泛，大到课程的整体规划，小到具体的一个教育活动的设计。

（2）课程实施过程评价

评价学前教育机构课程方案实施过程，要了解的内容比较多，包括以下几点。

①儿童在教育活动中的反应，包括主动性、参与程度、情绪表现等。

②教师的教育态度和行为，包括对儿童的控制程度、课堂管理方式、教育机制和技巧等。

③教师与儿童互动的质量。

④儿童学习环境的创设和利用等。

（3）课程效果评价

评价课程方案效果，一般是通过对儿童的发展评价来确定的，包括：评价儿童学习后的发展状况以及发展状况与课程目标的符合程度；了解产生了哪些非预期的结果；了解教师发生了哪些变化、有怎样的提高；等等。

3. 评价主体

课程评价的主体指的是课程评价者，《幼儿园教育指导纲要（试行）》中明确提出："管理人员、教师、幼儿及其家长均是幼儿园教育评价工作的参与者。"①幼儿园教育工作评价实行以教师自评为主，园长及有关管理人员、其他教师和家长等参与评价的方式。在此之前，我国的学前教育机构教育评价是比较单一的管理人员评价，而课程评价从单一的行政评价转向管理人员、教师、儿童及其家长的多元评价，这对全面了解学前教育机构教育质量、改进学前教育机构教育、促进儿童发展都是非常有利的。

应该说，教师和儿童既是课程评价的"对象"，又是课程评价的主体，而在多元评价的主体中，教师与儿童则是主体中的主体。

4. 评价措施

对教师来说，评价的过程不仅是教师运用儿童发展与教育心理学、学前教育原理、社会学、学科知识等专业知识审视课程方案和教育实践，发现、分析、研究、解决课程问题的过程，也是教师专业化成长的重要途径。学前教育课程评价需要充分发挥教师作为评价主体的作用，以教师自评为主，园长、其他教师和家长参与评价，各方组成一个平等互助的合作群体，一起改进课程方案、促进儿童发展。

---

① 中国政府网. 教育部关于印发《幼儿园教育指导纲要（试行）》的通知 [R/OL]（2001-07-02）[2024-10-18].https://www.gov.cn/gongbao/content/2002/content_61459.htm.

（1）发挥儿童评价主体的作用

每一位教师心里都很明白"学前儿童是学习的主体"，在组织教育活动时也关注学前儿童学习主体地位的发挥，引导他们通过自己的探索、尝试、发现学习。那么，在课程评价的活动中是否也发挥了儿童的主体性？心理学研究表明，主体性是指人的能动性、自主性和创造性，主体性的发展是人全面发展的核心和基础，学前儿童总是以主体的身份在和外部世界作用的各种活动中发展自己的。如何在课程评价活动中发挥儿童的主体性呢？在课程实施过程中，教师不妨采取以下措施。

①开展具体性的自我评价

2～3岁儿童逐步发展起自我意识和模仿判断能力，随着年龄的增长，儿童对自己的评价从依存性评价转为自主性评价，他们的评价常常表现出两种倾向：一种倾向是趋向于成人对自己的评价，当被问及自己的表现情况时，他们常常回答："老师说我……"或"妈妈说我……"；另一种倾向是对自己的评价过高，认为自己是最好的，时时处处总是比别人强，未能从主观上对自己形成客观的评价。因此，在课程评价中，要以"具体性""鼓励性"作为开展儿童自我评价的基本原则，从儿童生活的细节入手，可尝试开展一些有效的儿童自我评价活动，让儿童知道自己是怎样、应该怎样、怎样更好，以促进自我意识和社会性的发展。

②引导儿童互评

如何有效地开展儿童之间的互评是一个有待进一步研究的问题。儿童在相互评价的过程中，也表现出两个特征：对同伴的评价趋向于成人对他的评价；评价同伴的客观性比评价自己的客观性强。引导儿童开展相互评价，使儿童对同伴形成一种正确的评价，从而了解自己在集体中所处的位置，能够看到同伴的优点，并愿意向他们学习。

（2）发挥教师评价主导的作用

主导作用，意味着对全过程的设计与调控，只有真正了解儿童的教师，才能立足于儿童原有的基础水平，设计出适合儿童实际发展的评价项目与指标，才能体现出发展评价的实际意义。如：在健康领域，把握评价的重点是身体发展方面的"积极锻炼、均衡饮食、活泼乐观、不怕困难和保护自己"等方面；在社会领域，突出"有礼貌、守规则、会谦让、能协作、爱劳动"等项目；在科学领域，以"积极探索、大胆提问、积极思考、认真观察和认真记录"几项为主；在语言领域，选取"乐交流、会表达、爱阅读、专心听讲"为重点；在艺术领域，则偏重于"乐表演、好制作、有创新"。这样的评价项目能够较好地指导评价注重儿童素质的培养。教师为了开展以儿童为主的人性化和鼓励性的评价，可选用"已能做到、已有进步还要加油"为评价用语。这些语气亲切的词句，既易于孩子和家长接受，又能恰当地反映出孩子的现有水平，使他们乐意接受、乐于进步。

（3）家长积极参与，推动发展评价的实施

孩子的成长饱含家长的心血。作为家长，积极地支持与配合能使儿童的发展评价更顺利、更完善。家长是教师教育与儿童发展的一座桥梁，及时发现和记录孩子在日常生活中的奇事、趣事、困难事并与教师沟通，能使教师及时把握孩子新的发展需要，及时合理调整发展目标，及时为儿童提供适合的发展空间和为孩子能获得新的发展及时地给予帮助与支持。

5.评价标准

（1）课程评价标准的作用

从评价对课程实施过程的影响看，它具有导向、鉴定、诊断、改进等作用。

①导向作用

评价所依据的标准应按《幼儿园工作规程》和《幼儿园教育指导纲要（试行）》的指导思想确立，体现其鲜明的方向性。评什么和怎样评对教育的实践具有直接的导向作用，例如对教学活动的评价，如果只以儿童获得知识技巧的多少来评价教学效果，就会导致教师忽略在教学过程中培养儿童的态度与情感，不重视儿童主动参与活动，不重视发展儿童的创造性，而热衷于采用"满堂灌"的教学形式，让儿童死记硬背、机械模仿、反复训练。因此，评价的导向作用是十分重要的，必须依据正确的教育观来确定评价标准。

②诊断作用

评价的作用之一就是检查或鉴定教育目标是否达成，或者判断达成目标的程度。通过评价，可以及时发现现行课程与预定目标之间的差距和课程中的问题，对明确努力方向、提高教育效果、改善今后的教育教学，有很大意义，这如同医生看病一样，先要诊断出毛病，然后对症下药。

③规范和改进教育的作用

评价最重要的作用就是促进教育教学的改进，在评价过程中发现不足和问题，可以及时地通过信息反馈引起教职工的注意，促进保教工作的改进，提高教育质量。尤其在教育过程中及时地评价，可以使课程更符合教育目标的要求，更契合儿童发展的需要。

（2）科学的评价标准应具备的四个基本特征

评价任何事物都要有一个衡量的标准。课程评价标准是衡量课程设计、实施状况以及效果的尺度，而这种尺度首先是一种价值尺度，是衡量课程价值取向的尺度。科学的课程评价标准应具有以下四个基本特征：

①准确性指评价标准能保证所有的信息是正确的、可靠的。

②有用性指评价结果具有实用价值，能为各类对象提供丰富的信息，并对课程的发展、应用和推广有一定的影响作用。

③合法性指评价过程应符合社会道德标准、教育机构和个人的权益。

④可行性指切实可行，投入的人力物力适宜有效。

6.评价类型与方法

（1）评价类型

按评价的参照点来分，可分为相对评价、绝对评价和个人发展评价。相对评价是根据儿童在集体里占据的相对位置进行评价；绝对评价是根据教育目标达成度来进行评价；个人发展评价是对该儿童的各种能力进行前后比较，掌握并评价其进步的情况。

按评价的功能来分可分为诊断性评价、形成性评价和终结性评价。诊断性评价就是确定儿童在接受教育前的"准备程度";形成性评价是确定儿童在学习过程中的学习情况,确定教学任务实现程度;终结性评价是在课程实施一个阶段之后进行评价,评定达到的程度。以上评价方式各有利弊,应配合使用,取长补短。

课程评价主体的多元化是当今课程评价发展的一个趋势,评价中实施多元主体的评价是很有必要的。教师作为课程的直接实施者是课程评价的主体之一,这是没有争议的。家长作为教师的合作者和教育的促进者,也应当参与课程的评价。而儿童作为课程系统的三大主体之一,也是课程实施的参与者,因此也应当拥有课程"决策"和评价的权力,而且儿童的自我评价可以让儿童意识到自己的成长、进步过程,激发他们进一步学习的热情、兴趣和信心,促进他们对今后的生活学习活动更加投入。因此要实现教师评价、家长评价与儿童自我评价的结合。

（2）评价方法

评价应该自然地伴随着整个教育过程进行,应该根据评价目的与内容,综合采用观察、谈话、测验、作品分析、调查、档案分析等多种方法。

（三）学前教育课程评价的程序

由于在评价取向上的不同,不同的课程评价模式在具体的过程和使用的方法与技术上也必然存在差异,所以并不存在规范化、标准化的评价过程与方法。尽管如此,不同的课程评价研究者大都会提到这样一些步骤:集中于所要评价的课程现象、收集信息组织信息、分析信息、报告信息、再循环信息等。作为一种实践活动,课程评价是一个动态有序的过程,它包括几个基本的阶段。

1.学前教育课程评价的一般程序

对于学前教育机构或上级行政部门专门组织的课程评价而言,一般要有以下四个程序。

（1）准备的过程和方法

准备阶段是课程评价实施前的预备工作阶段。在这个阶段，主要工作就是建立课程评价机构和部门，拟订评价方案。

完整的课程评价作为一项有组织、有目的的活动，不是个人行为，必须由一定的机构或部门来承担。应建立正式的评价机构或部门，由专人负责，便于工作的开展，便于资料的收集、积累和调阅。

评价机构的人员构成一般应包含三个方面：一是掌握一定课程评价理论，具有一定课程评价经验和技能的专家；二是课程管理与决策部门的人员；三是参与课程实施的教师和学前教育机构领导。有时还可以吸收社区代表、儿童及家长。对于专家的选择，应逐步过渡到建立专家库，从专家库中随机选择专家参与评价，当然这主要适用于综合评价或专家评价。

拟订评价方案是准备阶段的中心或重要工作。评价方案是评价工作的依据或蓝图，对评价活动起着指导和规范作用，直接影响到评价的进行乃至成败。评价方案的内容主要包括评价的目的、原则、对象、指标体系、评价方法、评价的组织及时间安排，这些都必须在评价方案中被清楚地表述出来，便于执行。评价方案一定要通过多方论证才可出台。

通过认真仔细地研究讨论，应拟订出一个以书面文字方式表达的评价方案，让课程评价及其管理人员能够按照它来检查与控制，管理课程评价的准备与实施工作，指导评价人员开展、组织和总结评价工作。

（2）收集、整理和分析评价资料

①收集评价资料

这是课程评价实施中的重要基础性工作，这项工作主要考虑的是应该收集什么样的资料、应该收集多少资料、应该从哪些方面来收集资料、应采用何种方法和技术等。一般来说，课程评价收集资料的范围很广，主要包括儿童教师、课程材料以及学前教育机构与社会几个方面的资料，有时还要收集家长及社区代表的资料。

儿童的资料主要包括儿童的认知水平、情感特征、社会性发展、同伴关系、个体差异及对课程教材的看法，对教师教学的意见以及制作的各种作品如绘画、雕塑、摄影、手工作品等。

教师是课程实施的直接执行者，对课程实施体会得更深刻、更具体、更全面，对课程也更有发言权，教师的资料主要包括课程的可接受性、教材的可用性、教材编排的合理性、教材知识内容的难易性、课程标准的可行性、课程教学时间的可行性、教学方法与过程以及课程资源的可支持性等。

课程实施材料主要包括课程实施发展的过程、人员构成情况和组织情况、实施计划、人员培训以及大纲、教材等，有时还包括关于课程的意见与修改备忘录等。

收集资料的方法包括测验、观察、观摩、查阅教案、查阅儿童作品、问卷调查、访谈调查等。

②整理和分析评价资料

首先要对收集的资料进行归类整理，一般而言，这些资料包括数据型资料和非数据型资料两类。对数据型资料要进行计算和检验，然后根据情况分别归类。在这个问题上，传统的做法是建立卡片与卡片箱或文件与文件夹，应用时找出有关的文件与卡片，并进行抄录和复印，形成所需的材料，这种方法比较烦琐，还易产生错误与疏漏。对于音像资料的保存和查找则更为复杂，随着电子计算机尤其是多媒体技术的发展，这些问题将会得到有效的改善，计算机的特点是存储容量大，材料不易遗失。在专门设计的数据库中还能对输入的信息资料进行分析、统计和检验，提取也十分方便，不会出现错误和遗漏。因此，应积极借助现代计算机和多媒体技术，使之在评价中发挥作用。

（3）解释评价资料

通过资料的整理和分析，已能显示出课程实施的概况，这时评价组成人员就要根据评价指标体系规定的内容和要求，进行指标评定，得出分项结论，分头完成评分评议表。有关工作人员对评委的评分和意见进行汇总，得出综合的评价结论。

评价结论不仅要就课程的价值作出定论和解释，同时还要分析问题、诊断问题，提出课程今后的改进措施和努力方向。对评价结论的解释要有理有据、令人信服。要坚持两个基本原则：第一，坚持价值判断与资料数据的统一，也就是坚持价值与事实的统一。按照数据所达到的水平，作出价值判断。即实事求是、客观、公开、不掩饰、不夸大。第二，坚持判断与分析说明的统一，判断就是对数据事实的意义得出结论，例如"效果显著""比较成功""关系密切"等等。而分析说明则是对判断的结论进行分析性的解释，把其中的机理、奥秘揭示出来，分析是深层地挖掘和剖析。分析取决于评价者的经验水平和理论素养。既有分析也有判断，使人们知其然，亦知其所以然，这样的结论才可靠和有效。

（4）撰写评价报告

课程评价结束后应该把评价的结果以书面的形式报告给课程实施人员、教育行政部门或其他需要知道、了解课程评价结果的人群。只有完成了这一任务，才算是真正完成了课程评价工作。所以，课程评价的最后一项工作是撰写课程评价报告。

2. 学前教育课程评价的具体步骤

教师在课程实施前后，针对儿童的发展进行评价的具体步骤如下。

（1）前评价：即在设计单元活动之前，对儿童已有的学习经验和学习能力进行评估，以此作为设计活动的参考和与活动之后的效果进行比较的依据。这种评价一般通过观察儿童的日常表现进行，或创设一定情景引发儿童的相关表现进行。

（2）活动过程中的评价：即教师依据前评价获得的信息设计活动方案并加以实施，在实施过程中进行的评价。在实施过程中，教师须根据具体情况不断调整原来的活动设计，以使教学活动成为儿童更感兴趣、更适合儿童发展水平与需要的活动，从而使课程实施过程成为一个从活动到评价，再到研讨，最后回到计划的这样一个不断循环的过程。

（3）后评价：即对课程实施的效果进行评价，并与前评价的资料进行比较，以此了解儿童进步的情况及教育目标达成的程度。对于集体教学来说，效果评价要以四分之三以上的儿童通过为准。

（4）追踪评价：即在教学活动结束之后，过一段时间再进行评价，以此了解儿童的学习效果是否能够保持并得到运用和迁移。

**（四）课程评价的注意事项**

1. 评价应有利于改进与发展课程

学前教育机构对教育教学计划执行情况以及教育效果进行测量与评估，要侧重于诊断和改进课程与教学的作用，不适合把评价只作为对教师工作或儿童发展的鉴定手段。

如果仅把评价作为鉴定的手段，而忽略它的诊断改进作用，处理不好就会使被评价者产生消极应付的动机和行为。例如，有的学前教育机构在学期末对儿童进行测查，并以这一结果对教师的工作进行评定。于是，教师把一学期儿童所学的内容印成复习材料发给家长，让家长帮助儿童复习掌握，儿童的日常活动内容也充满了类似的复习。这样做对教师的专业成长、课程的改进、儿童的发展没有好处。

必须明确课程评价的最终目的是发现课程中的问题，找到原因，提出建议和措施，以此完善课程。因此，课程评价本质上应是一种"对事不对人"的评价，而不是为了给儿童贴标签，给教师划分优劣等级，所以要着重发挥课程评价的诊断与改进功能。

2. 评价中要以教师自评为主

评价过程主要是由教师运用相关专业知识，去审视自己的教育实践，从而发现、分析、解决问题的过程。只有让教师参与课程评价的过程，评价才能起到改进、发展的作用。因此应坚持以教师自评为主，管理者和其他教师参与评价为辅。

即使是园长或他人组织的评价活动，也要充分尊重教师的主体地位，与教师充分沟通，把评价过程看作一个平等研讨、共同研究与进步的过程。

在组织教育活动的过程中，教师也是课程的主要评价者。有一位大班的教师在与幼儿的交往中，发现班上幼儿普遍一遇到什么就来找教师，问这怎么办、那该不该办等等。他对这一现象进行了分析和评估，找到两个方面的原因：一个原因可能是教师的日常教学给儿童的束缚太多了，使得儿童"凡事先请示"；另一个原因可能是独生子女对家长和老师的依赖性较强，缺乏自信，怕挫折。于是他设计和组织了"我们都是小老师"系列活动，让每个儿童表现自己的长处，并教给别人，帮助幼儿建立信心，主动地去做自己能做的事情，取得了良好的效果。可见，教育过程的评价活动需要教师发挥自身的主体作用。

在评价过程中，要尊重教师的主体地位，因为任何评价所提出的改进措施或建议要通过教师的活动才能得到落实。我们应该用"发展"的眼光看待教师，所有的问题都是"发展中的问题"，因为发展了，这些暂时的"问题"也就不是问题。评价时要尊重教师的意见，并把评价的过程作为一个研讨的过程，共同商讨解决的方法和今后发展的方向，把评价的结果作为发展中的一个新起点。

3. 评价要有利于儿童的发展

人的发展不应只是知识、道德或身体等某方面的发展，课程评价也不应只是对人的某方面发展进行评价，而是要对人的全部发展进行评价。教师必须强化儿童是学习和发展主体的意识，不仅关注儿童在语言、数理逻辑方面的发展，还要了解他们在发展中的需求，发现和发展他们多方面的潜能，帮助他们认识自我，注重对他们情感、态度、价值观、责任心、意志品质等方面进行全面评价。评价应更多地指向儿童的学习过程，使每一个儿童通过评价都能看到自己在发展中的长处，从而树立自信心。

评价还要全面了解儿童的发展状况，尤其不能只重视认知的发展，而忽视其情感、态度、社会性等的发展；应承认和尊重儿童的个体差异，多对儿童自身进行纵向比较，而不是进行儿童之间的横向比较；应采取自然的方法，在日常活动与教学过程中进行；注意多渠道、多方面收集资料；要慎用评价结果，保护儿童的自信心。

教师在对儿童的学习与发展进行评价时要特别注意以下几点。

（1）评价目标要符合儿童身心整体发展原则，避免偏重某方面而忽略身心其他方面的发展。

（2）评价内容及方法要符合儿童的年龄特点，应是儿童可以理解的事物及能够接受的方法，尽量在日常活动中进行，使儿童感到舒适自然，毫无压力。

（3）评价是要找出儿童的优点，发现和发挥儿童的潜能，以提供适宜的教育方案，而不是在儿童中搞"排行榜"。

（4）评价要尊重儿童的个体差异，最好以儿童的早期表现与现在的情况作比较，不要轻率地对儿童进行相互比较。

（5）评价时要给予儿童足够的参与机会，要尊重儿童的看法，发展儿童的自我评价能力，让儿童看到自己的优点和进步，增强儿童的自信心。

（6）评价要搜集不同方面的材料，包括对儿童连续的观察和记录、家长提供的资料、儿童的学习作品等，客观地加以分析和整理，不存偏见。

（7）评价的结果要具体，并正面地告诉家长，使他们了解儿童的发展程度，加深对儿童成长的认识，以利家园合作。

**4. 评价应客观、真实**

评价还应做到客观、真实，这是对课程评价应持的一种科学态度，也是有效达到课程评价目的的保证。

客观就是不抱成见，没有偏见，以评价的标准公正平等地对待人和事，把从各方面所搜集到的资料和数据，客观如实地加以描述，并以正确的教育观作出分析和判断。

评价中最重要的就是真实，所得到的资料和数据如果不真实，依据它所作出的判断就会是错误的。因此，没有必要因为担心在评价中发现问题而弄虚作假，相反应把发现问题当作好事，解决了问题，就有了新的起点。

在学前教育评价中坚持客观、真实的原则，就是把通过观察、测量、访谈、问卷调查等方面所获得的资料，不带一点主观臆断地真实记录下来，然后以《幼儿园教育指导纲要（试行）》的教育思想和指导原则进行分析与判断，合理地作出评价。教师在进行教育教学评价时也一样，要如实地记录儿童的行为表现，然后再作评价。

总之，评价是课程的重要组成部分，它的主要目的就是改进和完善课程，为儿童提供更适宜的教育机会和条件，促进儿童健康和谐地发展。所以，评价要有利于发挥教师不断改进课程、提高教育质量的主动性和积极性，提倡用研究的精神来看待评价。

# 第六章　学前教育科研工作管理

本章为学前教育科研工作管理，阐述了学前教育科研工作管理的意义、学前教育科研工作管理的内容、学前教育科研工作管理的途径三个方面的内容。

## 第一节　学前教育科研工作管理的意义

### 一、学前教育科学研究的概念

科学是人们对事物及其运动变化规律的理性的认识，表现为系统化的知识体系。人们在生活实践中会自觉或不自觉地对周围的事物产生认识，但这种认识不一定是科学的，科学的认识是一种真理性的、系统的、精确的认识。

科学研究是人们依据科学理论，运用一定的方法，遵守一定的规范，研究客观事实，探究客观事物规律，以便发现新事物、获得新知识的社会活动，是人类获取科学知识的主要途径。

科学研究活动与其他活动相比具有继承性、创新性、规范性和系统性的特征。

教育科学研究是运用科学方法，探索教育领域的规律的认识过程，它除了具有一般科学研究活动的特征外还具有研究对象的复杂性、研究范围的广泛性、研究方法的综合性、研究过程的伦理性、研究背景的开放性等特点。

学前科学研究是人们以科学的理论为指导，运用科学的方法，遵守一定的规范，对学前教育的现象和问题进行研究，以揭示学前教育活动的规律，丰富和发展学前教育理论的活动。

## 二、学前教育科研工作管理的意义分析

学前教育科学研究管理是对学前教育科学研究工作进行计划、组织、领导、控制和协调，以确保学前教育科学研究达到预期的目标，促进学前教育的发展。

学前教育科学研究是对学前教育规律的一种认识过程，它是人们有目的、有计划、有意识、系统地在前人已有认识的基础上，运用科学的方法，对学前教育中的客观事实加以掌握、分析、概括，揭露其本质，探索新规律的认识过程。

随着学前教育事业的改革发展，学前教育科学研究逐渐得到幼儿园的重视，通过学前教育科研提高幼儿园教师素质、形成办园特色已经成为很多幼儿园的办园策略，"以研促教，科研兴园"已逐渐成为学前教育事业发展的必然趋势。

### （一）以科研为先导，促进学前教育质量的提高，增强其竞争力

学前教育科学研究的对象来源于学前教育实践。学前教育科学研究是学前教育实践过程的一种需求，在实践过程中，学前教育工作者会遇到许多困难和很多问题，比如关于一些幼儿园小学化倾向严重的问题、关于儿童的可持续性发展的问题、关于幼小衔接的问题等。这些科研课题都来源于学前教育实践，如果不去研究，人们凭借着自己的经验来处理这些问题，或放松对这些问题的关注，会使很多问题无法得以解决，疾症也将会越积越多，无法提高学前教育质量，无法登上一个新的台阶。通过调查、收集资料、研究对策、寻找方法、发现规律，就可以使教育工作者心中有数，知道如何去处理问题和解决问题。

### （二）以科研促发展，建立中国特色学前教育体系

我国的学前教育在近几年有了长足的发展，但是也存在一些问题，比如民办幼儿园管理薄弱的问题、学习和引进国外的学前教育管理与实践的盲目性问题、学前教育理论与实践脱节的问题、学前教育理论和规律远不能有效地指导幼儿园的实践活动的问题。这些问题是阻碍学前教育质量提高的重要原因之一，如何从我国的实际情况出发，研究我国学前教育发展的特色和理论，建立中国特色的学

前教育体系是我国学前教育发展的必由之路。只有通过根植于中国社会生活实际，深入中国孩子的生活现实中研究，依靠广大的学前教育理论和实践工作者开展的科学研究活动，同时借鉴国外的学前教育管理，才能丰富和发展学前教育科学，才会形成和发展中国特色的学前教育理论。

**（三）以科研练队伍，为教师提供实现专业化成长的平台**

学前教育的最终目的是促进儿童的健康成长，而儿童的健康成长是要通过教师的劳动来实现的，因此对教师素质的要求将会越来越高。教师的成长可以通过很多途径，其中一个重要途径就是参加学前教育科学研究，这可以为教师的专业化成长提供一个平台。

幼儿园教师的教育科研水平在一定程度上代表着一所幼儿园教育科研的现状，教师科研水平的提高对幼儿园的发展有着积极而重要的意义。教师科研水平的提高一方面要依靠教师自己努力学习；另一方面就是要在教师原有的经验基础上，不断地去探索、研究、发现、论证，不断地吸收、同化新的知识信息，不断地去建构自己的教育观念，提升自己的教育能力。

所以，幼儿园教师要积极参加教科研活动，促进自身能力的提高，成为教育科研研究者。但在现实生活中很多老师不敢参加教科研活动，认为研究是专业人员的事，作为一名普通的一线教师，也没有参加过这方面的专业训练，理论功底也很差，研究是一项专业性、规范性很强的工作，所以不敢参加。其实在保教的过程中，教师发现问题、提出问题、研究问题、解决问题等就是研究的过程。幼儿园要调动教师的积极性，让教师结合实际参加教科研活动，在研究活动过程中，提高教师各方面的水平和能力。

# 第二节　学前教育科研工作管理的内容

## 一、学前教育科研课题选择的管理

学前教育科研课题是学前教育科学研究活动所要解决的问题，也就是学前教育科学研究活动的主题。

科研课题来源于问题，但并不是所有的问题都可以作为科研课题。问题有时反映的是个人认识上的局限性，有的问题别人可能已经研究过但是提问题的人不知道，而科研课题必须是在尚未被人们认识和解决的问题中产生的，只有这样，科学研究才具有价值。

### （一）选择课题的原则

选择科研课题要遵循一定的原则，这些原则是人们在长期的学前教育科研活动中，对课题选择工作经验的认识和概括，反映了选择课题的规律。

1. 价值性原则

价值性原则是说课题的研究是否有意义。课题的研究应尽可能选择那些有较大研究价值的课题开展研究工作。研究价值要从其学术价值和社会价值两方面来看。学术价值是指课题的提出是否能引起人们对某一问题的关注和讨论，课题的结论和成果能否深化人们对这一问题的认识并发展有关理论，等等。课题的社会价值要看课题是否提出了人们在实践活动中迫切需要解决的问题，对实践活动能起到多大的指导作用。选择课题要在条件允许的情况下，尽可能地选择具有多方面的研究价值或研究价值较高的研究课题。

2. 可行性原则

可行性原则是指选择课题时要依据幼儿园的主客观条件选择研究课题，以保证科研课题的顺利进行。

3. 创新性原则

创新性原则要求研究者选择的课题是在这一领域中前人所没有解决或没有完全解决的问题，使研究能有新的发现，产生新的认识，为人们提供新的知识。

4. 科学性原则

科学性原则是指选择课题必须有事实根据和理论依据，即理论课题要有事实依据，应用性课题要有理论依据。

只有全面综合考虑这四方面原则，才有可能选出较好的科研课题。

### （二）对课题进行论证

课题选定以后，管理者就要组织人员、研究者对课题进行论证，课题论证就是通过相关的理论及事实依据对课题的科学性、价值性、可行性进行确认和评估。对选择课题进行论证主要从以下五个方面进行：

（1）研究问题的性质和类型。

（2）课题研究的目的和意义。

（3）国内外已完成的课题研究状况分析。

（4）课题研究的可行性分析。

（5）课题研究的策略、步骤和预期的成果形式。

## 二、教科研信息的管理

在经济全球一体化的发展形势下，可以通过互联网及时了解学前教育领域发生的一些变化，互联网具有速度快、传播范围广、信息丰富多样而资费便宜的优势，已成为我们生活中必不可少的要素之一。作为幼儿园，建立自己的网站具有重要意义，它是幼儿园对外展示和交流的窗口，在这里可以展示自己、丰富自己和发展自己。同时幼儿园网站又是联系教师与家长的桥梁，网络是一种24小时的服务平台，也是一种最经济、最有效的宣传平台，有关学前教育科研方面的信息，可以通过这个平台得到关注、参与、讨论、扩充和发展。

### 三、学前教育科研计划、过程和结果的管理

教科研管理者要帮助研究者制订研究计划，研究计划的制订可以使研究者进一步明确研究课题、任务，确定研究对象、方法、步骤及时间安排，为了使研究工作顺利进行并取得成效，制订的计划要周密、完善、充分、要切实可行。管理者要对计划进行重新审阅，以使之对研究活动真正起到作用。

在科研活动进行过程中，管理者要依据计划进行适时的督促和指导，在进行过程中可能会出现要调整计划的情况，这是正常现象，管理者要帮助研究者根据研究工作的进展和实际需要，对计划加以补充、修改，以取得最佳的研究效果。

整理和总结的过程是对所有收集来的资料进行汇总，要按材料的横向联系与纵向联系进行整理，使之系统化，在此基础上进行分析总结。在对研究结果加以总结的过程中，要借助于科学的抽象和理性的加工，形成一定的理论，建立起有关的知识系统，最后以不同的形式将研究结果展示出来。通常当研究获得结果之后，研究者就可以着手写作论文或报告。

为了交流和推广研究结果，一般是用文字的形式把科研结果表述出来，这是科研的最后一个环节，通过这个环节也可以训练和提高研究者的研究能力。

管理者要重视对研究者的研究报告进行整理、宣传和研讨，以增强研究价值的实用性。

## 第三节　学前教育科研工作管理的途径

### 一、成立科研工作领导小组，全面负责教育科研工作

要建立由园长、保教主任、年级主任、科研骨干为主的科研管理领导小组，同时建立科研网络（领导小组、课题组、班级），定期组织教师申报课题，由领导小组认真筛选、论证其可行性后，确定课题。在整个研究过程中，要求领导小

组成员认真组织实施，随时解决教师们在研究过程中遇到的困难，对研究者进行服务、指导、激励、督促和检查，以确保研究工作顺利进行。

教育科研领导小组职责包括以下几点。

（1）负责教育科研理论在幼儿园的宣传、教育和普及。

（2）负责对学前教育科研工作的骨干教师进行定期培训。

（3）负责教师个人的课题申报。

（4）负责幼儿园教师的选题、论证、管理、评估。

（5）负责选送上级部门的课题申报、论证。

（6）负责幼儿园教育科研资料的积累、归档。

（7）定期向行政部门汇报教育科研工作进度、动态。

（8）指导、带领并定期参加幼儿园的教育科学研究活动。

（9）负责对研究成果进行宣传和推广。

（10）负责对科研活动进行总结、推动和提高。

## 二、制定科研工作管理制度，保证科研工作顺利进行

制度是科学管理教科研活动的保证，可以从以下几方面制定科研工作管理制度。

### （一）课题管理制度

课题管理制度包括课题实施过程的目标管理制度，课题的资料收集和档案管理制度，课题进展的督查和评估制度。

### （二）教研制度

根据学期总目标的要求，制订学期教研计划，按计划有目的、有步骤地开展教研工作。

### （三）科研成果的交流、汇报制度

定期进行专题的科研活动交流，定期听取课题负责人关于课题进展的汇报活动。

### （四）教科研成果奖评制度

根据幼儿园实际情况，对教科研成果进行评选，对优秀成果给予精神和物质方面的奖励。也可以根据情况建立学前教育科学研究奖励基金。

# 参考文献

[1] 闫静，张鑫.应用型学前教育专业课程模式研究 [M].长春：吉林出版集团股份有限公司，2018.

[2] 邹莉，朱峰.为每一个儿童设计课程 小学生综合素养提升行动三十年 [M].长春：吉林大学出版社，2022.

[3] 柳袁照.主动学习教育模式的建构 [M].苏州：苏州大学出版社，2006.

[4] 黄娟.大学生创新创业素养的培养路径与策略 [M].昆明：云南大学出版社，2021.

[5] 孙向阳.高素质幼儿教师新思维 域外视野国外学期教育理念解析 [M].北京：北京少年儿童出版社，2011.

[6] 谢平，郭玉杰，朱瑜.学前教育教学与管理研究 [M].汕头：汕头大学出版社，2022.

[7] 彭世华.实践与探索 学前教育专业管理、教育与教学案例精选 [M].北京：北京师范大学出版社，2022.

[8] 赵朵.学前教育学 [M].北京：北京理工大学出版社，2021.

[9] 郑健成.学前教育学 [M].上海：复旦大学出版社，2007.

[10] 汪明，梁艳，刘慧敏.学前比较教育 [M].合肥：安徽大学出版社，2016.

[11] 余成艳.师范认证背景下高职院校学前教育人才培养模式探究与实践 [J].广东职业技术教育与研究，2023（2）：34-37.

[12] 张萍.实践教学在学前教育专业育人中的应用研究 [J].延边教育学院学报，2023，37（1）：44-47.

[13] 常江红.终身教育视野下高校学前教育教学资源库建设 [J]. 大学,2022（S2）：70-72.

[14] 陈丽君，冯雅欣.我国学前教育信息化政策发展特征研究 [J]. 广州广播电视大学学报，2022，22（6）：50-57，110.

[15] 李菊蕾.专业认证背景下学前教育专业实践教学优化路径探索 [J]. 广西广播电视大学学报，2022，33（6）：89-94.

[16] 应俊.学前教育经费保障和管理研究 [J]. 行政事业资产与财务，2022（22）：35-37.

[17] 王娜，顾永安.专业认证背景下地方本科高校学前教育专业建设的问题与应对 [J]. 常熟理工学院学报，2022，36（6）：97-104.

[18] 邓兰馨.人工智能与学前教育融合路径探究 [J]. 中国信息化，2022（7）：95-96.

[19] 李慧敏.新时代高校学前教育专业课程改革创新路径探索 [J]. 大学，2022（17）：152-155.

[20] 游达，吴慧娴.教育公平视角下中国学前教育财政投入研究 [J]. 西昌学院学报（社会科学版），2023，35（2）：124-128.

[21] 陈蕾.近年来 OECD 国家学前教育改革研究 [D]. 昆明：云南师范大学，2023.

[22] 毕笑晴.学前教育专业开设体育艺术课程重要性研究 [D]. 天津：天津体育学院，2023.

[23] 代素月.基于幼儿绘画集体活动的教师教育理念与教学行为研究 [D]. 上海：华东师范大学，2023.

[24] 王敏仪.档案袋评价法在学前教育专业教学中的应用研究 [D]. 南昌：南昌大学，2023.

[25] 方丽萍.学前教育政府监管研究 [D]. 上海：上海海洋大学，2023.

[26] 相淇译.江苏省 G 县农村学前教育发展存在的问题及对策研究 [D]. 上海：

上海海洋大学，2023.

[27] 董晋璇.吉林省高职院校学前教育专业学生职业能力培养现状及对策研究
[D].长春：吉林农业大学，2023.

[28] 肖妤.学前教育专业师范生教师职业能力现状调查研究[D].南昌：江西师范
大学，2023.

[29] 宋红伟.杭州市幼儿教师体育教育能力指标体系构建及应用研究[D].杭州：
杭州师范大学，2023.

[30] 邱丽珍.学前教育教研员专业能力评价指标体系的构建研究[D].广州：广州
大学，2023.